BETTINA SNOWDON | MARTINA KITTLER

LOW CARB
FOREVER

*In 4 **Schritten** aus der Kohlenhydrat-Falle*

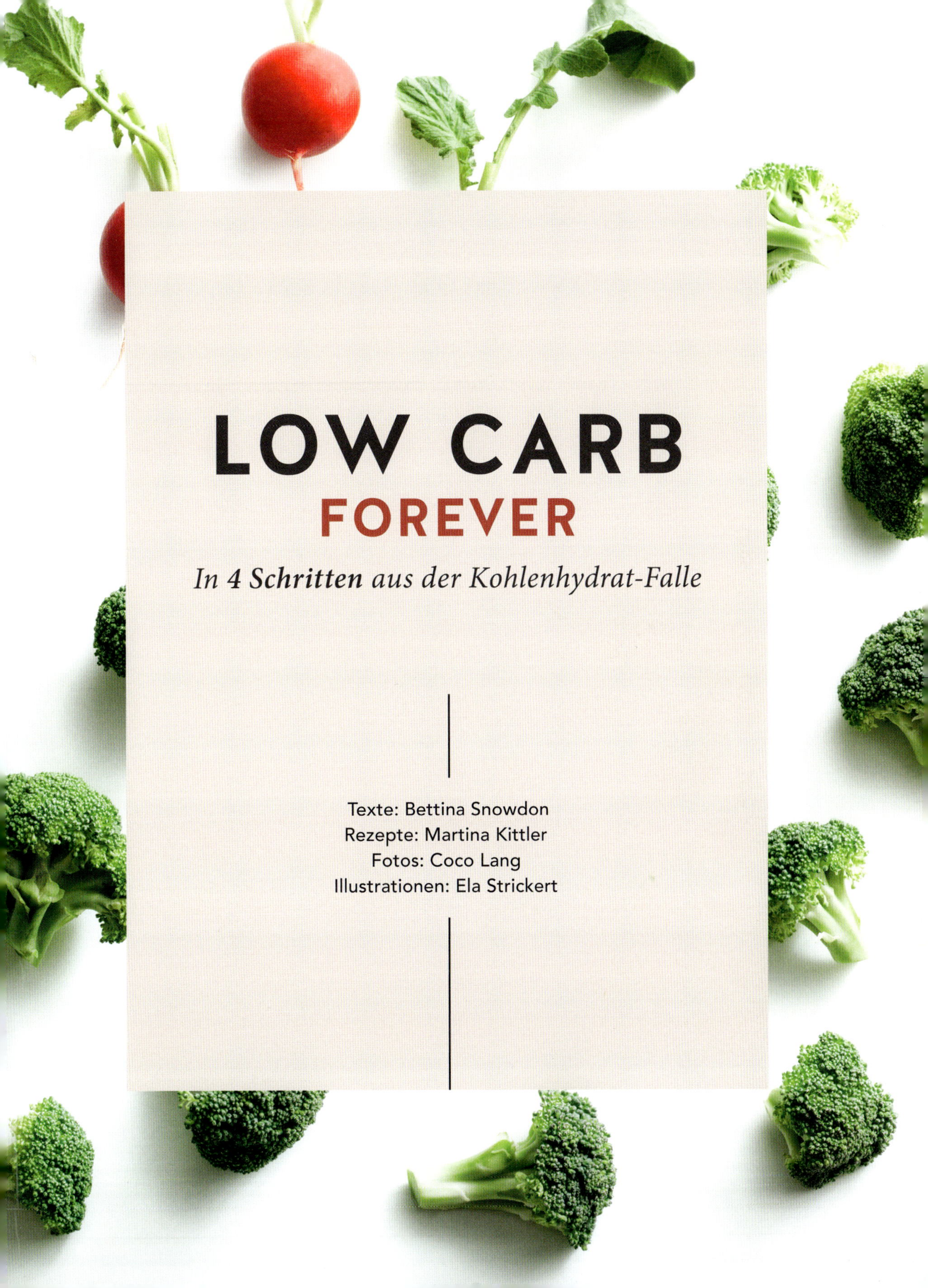

LOW CARB
FOREVER

*In 4 **Schritten** aus der Kohlenhydrat-Falle*

Texte: Bettina Snowdon
Rezepte: Martina Kittler
Fotos: Coco Lang
Illustrationen: Ela Strickert

THEORIE

LOW CARB LEBEN

für immer

REZEPTE

LOW CARB KOCHEN

für immer

THEORIE

LOW CARB LEBEN – FÜR IMMER

Low Carb ist keine Crashdiät, die Sie innerhalb weniger Wochen in Stromlinienform bringt und danach wieder wie einen Hefekloß aufgehen lässt. Low Carb ist kein lifestyliger Ernährungshype, den Sie nur mitmachen, um in sozialen Netzwerken mitreden zu können. Low Carb ist eine ausgewogene Ernährungsweise, mit der Sie lebenslang gesund, schlank, satt und zufrieden leben können.

DAS PRINZIP »LOW CARB« –

und warum es so gut funktioniert

Nach Erkenntnissen vieler Wissenschaftler gilt eine kohlenhydratarme Ernährung als besonders gut an die Bedürfnisse unseres Körpers angepasste, gesunde Ernährung. Aber warum eigentlich?

Bunt, nährstoffreich, kohlenhydratarm. So sieht Low Carb aus und kann dabei auf urzeitliche Wurzeln verweisen.

Um das zu verstehen, müssen wir etwas ausholen und einen Blick weit in unsere Vergangenheit werfen. Bis in die Steinzeit: Über Hunderttausende von Jahren war die Ernährung unserer frühen Vorfahren sehr kohlenhydratarm. Die Menschen haben gegessen, was ihnen vor die Nase kam: Wildes Gemüse, Obst und Beeren, große und kleine Tiere, Nüsse, Samen und Wurzeln, hin und wieder mal ein Ei. Alles protein- und fetthaltige, aber kohlenhydratarme Lebensmittel.

Dann, vor etwa 10000 Jahren, gab es eine regelrechte Ernährungsrevolution, deren Auslöser die Entdeckung des Ackerbaus war.

VON LOW ZU HIGH CARB

Die Steinzeitmenschen lernten, sonst so rar vorkommende Wildgetreide und andere Pflanzen anzubauen. So konnten sie sesshaft werden und sich von ihrer Ernte ganz passabel ernähren. Die Ernährung wurde kohlenhydratreicher. Doch das war gut, denn damals war der Couchpotato noch nicht erfunden. Die Menschen mussten für ihren Lebenserhalt noch kräftig ranklotzen und dafür konnten sie die schnell zur Verfügung stehende Energie in Form von Kohlenhydraten sehr gut gebrauchen.

Dieses Ernährungskonzept hat sich bis vor sehr kurzer Zeit, bemessen an der Entwicklungsgeschichte der Menschheit, noch gut bewährt, nämlich solange wir für unseren Lebenserhalt tüchtig körperlich schuften mussten. Das war bis vor wenigen Jahrzehnten noch so.

MIT GEWICHTIGEN FOLGEN

Brot, Nudeln, Pfannkuchen, Kartoffeln und Klöße sind Kohlenhydratnahrung in Reinkultur. Ihr großer Vorteil: Sie liefern Mengen an Energie, die bereits kurz nach der Mahlzeit für Muskelarbeit zur Verfügung steht. Leider hat sich dieser Vorteil inzwischen ins Gegenteil verkehrt, denn wir haben – trotz unseres heute so bequemen Lebens – nicht aufgehört, so viele Kohlenhydrate zu essen. Es wird eher im-

mer mehr. Wir futtern noch immer tagein, tagaus Brot, Brötchen, Nudeln, Pommes, dazu kommen Chips, süße Teilchen, Süßigkeiten und süße Getränke als tägliche Begleiter. Allerdings benötigen wir bei unserem modernen Lebensstil die viele schnell verfügbare Energie gar nicht mehr.
Wer läuft heute täglich noch kilometerweit, und wie wenige müssen heutzutage noch Tag für Tag hart körperlich arbeiten. Um unser Smartphone zu bedienen oder mit dem Auto ein, zweimal die Woche ins Sportstudio zu fahren oder um stundenlang vor dem Computer zu sitzen, braucht es nur geringe Kohlenhydratmengen. Und so macht unser Körper das für ihn Sinnvollste aus der überschüssigen Kohlenhydratenergie, die wir ihm zuführen: Er freut sich über den Vorrat und speichert ihn eifrig für schlechtere Zeiten in Form von Fett. Das war noch bis vor einigen Jahrzehnten ausgesprochen sinnvoll, ist aber heute nicht mehr nötig, da wir keine regelmäßigen Hungerszeiten mehr durchzustehen haben. Wir werden die Fettpolster also nicht mehr regelmäßig wieder los, sondern – ganz im Gegenteil – erleben, wie sie über die Jahre wachsen und wachsen. Mit ausgesprochen schlechten Folgen für unsere Gesundheit, von Stoffwechselerkrankungen wie Diabetes über Herz-Kreislauf-Erkrankungen durch geschädigte Blutgefäße bis hin zu orthopädischen Problemen aufgrund von Übergewicht.

HIGH CARB IST VON GESTERN!

Dass »fett werden« nicht ausschließlich von »Fett essen« kommt, wird seit geraumer Zeit immer klarer. Über die letzten Jahrzehnte haben wir von wissenschaftlicher Seite mehr und mehr verstanden, welche Zerlegungs- und Aufnahmeprozesse unsere Nahrung durchläuft und welche vielfältigen Stoffe daraus dann neugebildet werden. Und so konnte man auch mehr und mehr erkennen und verstehen, dass für unser steigendes Körpergewicht und unsere wachsenden Fettpölsterchen die Kohlenhydrate wesentlich verantwortlich sind. Denn wenn Kohlenhydrate aus unserer Nahrung nicht sofort durch Muskelarbeit verbrannt werden, bunkert sie der Körper als Energielieferanten für schlechtere Zeiten in Form von Fett.
Das läuft äußerst effizient ab: Kohlenhydrate in der Nahrung bewirken, dass unsere Zellen Nahrungsenergie besonders gut aufnehmen. Wenn Muskelzellen die gerade vorhandene Energie aber nicht benötigen, müssen die Fettzellen ran, die diese Energie für später speichern.
Auf dieser wissenschaftlichen Erkenntnis baut die Low-Carb-Idee auf. Das Prinzip: Weniger Kohlenhydrate in einer Mahlzeit führen dazu, dass die Schleusen für den Energieeinstrom dosierter geöffnet werden. Das hat einerseits zur Folge, dass Sie sich länger und ausgeglichener über den Tag hinweg aktiv fühlen. Andererseits bewirkt dies, dass die Fettzellen weniger speichern müssen. Mehr zu den genauen Abläufen erfahren Sie ab Seite 14.

KOHLENHYDRATE: SUPER-BRENNSTOFF FÜR DIE MUSKELN

Wenn Sie Bodybuilder, Bauarbeiter, Leistungssportler oder Holzfäller in den kanadischen Wäldern sind, dann brauchen Sie sich über zu viele Kohlenhydrate in Ihrem Essen nicht allzu viele Gedanken machen. Ihr Körper braucht diese Art von Energie. Wahrscheinlicher ist aber, dass Sie zu der großen Gruppe der nicht ganz so hart körperlich arbeitenden Menschen gehören, mit Ihrer Ernährungsweise aber so tun, also ob. Da ist es für Sie an der Zeit, die Zufuhr auf ein gesundes Maß zu drosseln, bevor die vom Körper auf Urzeit-Art als Super-Brennstoff geschätzten Kohlenhydrate in Form von Fett gespeichert werden.

DIE VIELFÄLTIGE LOW-CARB-WELT –

Methoden im Vergleich

Schon vor Jahrzehnten wurde die Reduktion von Kohlenhydraten als wirksame Methode zum Abnehmen entdeckt. Inzwischen erfahren vor allem die moderaten Low-Carb-Methoden ein breites Interesse.

DEUTSCHE DURCHSCHNITTSKOST

Gemäß der Nationalen Verzehrsstudie II 2008 stammte in der Durchschnittskost der Deutschen die aufgenommene Energie zu ungefähr 15 % aus Eiweiß, zu etwa 35 % aus Fett und zu knapp 50 % aus Kohlenhydraten. Dagegen vertreten Low Carb-Konzepte höchstens 30 % Kohlenhydrate.

MONTIGNAC-METHODE

Michel Montignac nimmt für sich in Anspruch, den Zusammenhang von Insulinreaktion auf unterschiedliche Kohlenhydrate und Körpergewicht entdeckt zu haben. Erlaubt sind bei seiner Anfang der 1980er-Jahre entwickelten Diät nur Kohlenhydrate, die das Insulin wenig beanspruchen.

SCHLANK IM SCHLAF, GLYX, LOGI

Alle drei Konzepte, Ende der 1990er- bzw. Anfang der 2000er-Jahre entwickelt, sind moderate Formen von Low Carb. Bei der Glyx-Diät ist der glykämische Index (GI) das Kriterium, Logi berücksichtigt mit der glykämischen Last (GL) auch den absoluten Kohlenhydratgehalt in Speisen.

UNSERE HAUPTNÄHRSTOFFE:

Kohlenhydrate
z. B. aus Brot, Zucker, Nudeln etc.

Protein (Eiweiß)
z. B. aus Eiern, Quark oder Fleisch

Fett
z. B. aus Öl, Butter, Nüssen etc.

Typisch westliche Ernährung
Angaben in Prozent

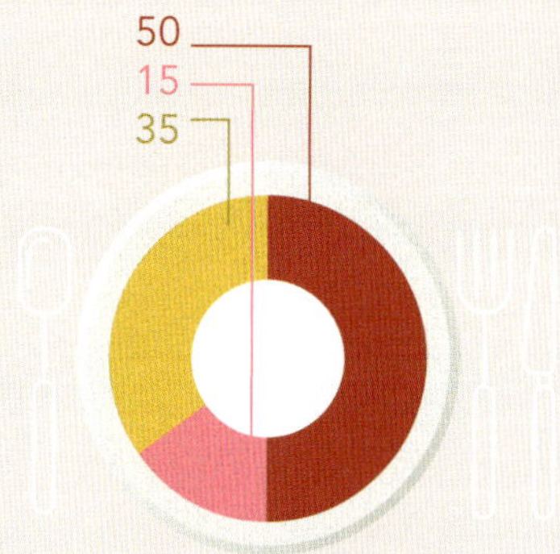

Schlank im Schlaf bedeutet in der Praxis Low Carb in Teilzeit: Morgens sollen reichlich Kohlenhydrate gegessen werden. Mittags gibt es Mischkost, und erst am Abend werden Kohlenhydrate streng limitiert, sie würden die nächtliche Fettverstoffwechslung behindern.

DAS PALEO-PRINZIP

Da sich die Menschheit die allerlängste Zeit ihrer Existenz nach Steinzeit-Art ernährte, gehen Paleo-Verfechter davon aus, dass der Körper an diese kohlenhydratarme Ernährung optimal angepasst ist. Steinzeitmenschen waren Jäger und Sammler, es standen bei ihnen also viel Gemüse, Obst, Fleisch, Fisch, Nüsse und Samen auf der Speisekarte, aber nur sehr wenig Kohlenhydratreiches wie Hülsenfrüchte und Getreide und schon gar kein isolierter Zucker.

ATKINS UND DUKAN

Die beiden Mediziner entwickelten in den 1970er-Jahren Diäten basierend auf strengen mehrstufigen Konzepten mit – besonders anfangs – sehr starker Kohlenhydratreduktion. Kalorien kommen bei Atkins vor allem aus Fett, bei Dukan aus Protein. Es ist jeweils, vor allem zu Beginn, die Begleitung durch einen Arzt empfehlenswert.

LOW CARB HIGH FAT, KETOGENE DIÄT

Was absurd klingt, funktioniert: Hier wird den Kilos mit viel Fett auf den Leib gerückt. Die Kohlenhydrate werden dagegen sehr stark reduziert, was im Fall der ketogenen Diät den Stoffwechsel zur Umwandlung von Fett zu sogenannten Ketonkörpern zwingt, aus denen er Energie gewinnen kann. Die Zusammensetzung der Energie in der Nahrung ist bei der ketogenen Diät 70 % Fett, 20 % Eiweiß, 10 % Kohlenhydrate. Low Carb High Fat ist moderater, aber auch hier werden die eingesparten Kohlenhydrate in Form von Fett in den Speiseplan eingebaut.

LOW CARB FOREVER

In diesem Buch empfehlen wir Ihnen eine gemäßigte Low-Carb-Ernährung. Sie dürfen alles essen, aber reduzieren den Kohlenhydratinput auf etwa 100 Gramm pro Tag.

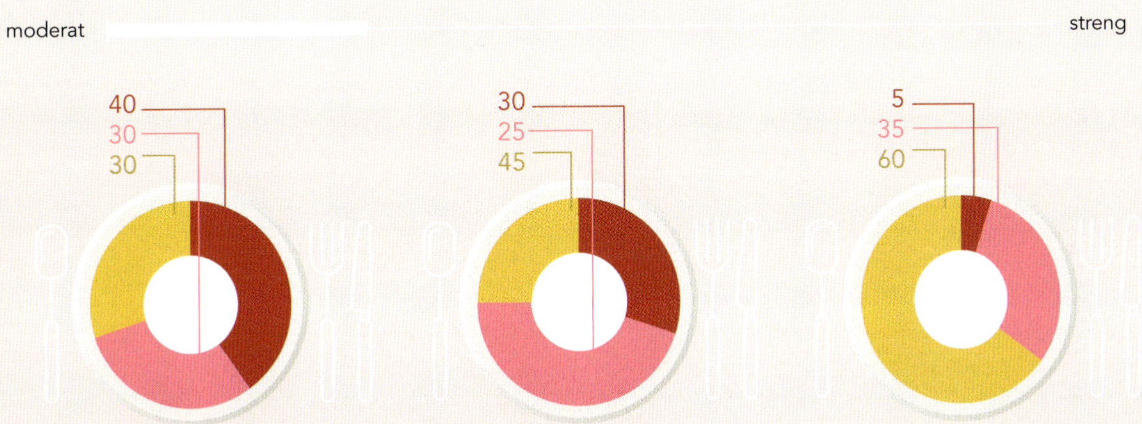

KOHLENHYDRATE –
Aus der Nahrung in die Zelle

Um zu verstehen, wie Kohlenhydrate für einen Energieschub sorgen und warum zu viel davon nicht gut für uns ist, schauen wir uns den Weg im Körper an.

Kohlenhydrate bestehen aus einzelnen Zuckerbausteinen. Chemisch sind sie an der Wortendung »-ose« erkennbar, heißen dann z. B. Glukose, Fruktose oder Galaktose. Diese Zuckerbausteine kommen meist nicht alleine, sondern im Team vor.

DIE SCHNELLEN KOHLENHYDRATE

Tun sich z. B. je ein Baustein Glukose und Fruktose zusammen, entsteht (Haushalts-)Zucker, fachsprachlich Saccharose. Aus Glukose und Galaktose entsteht Laktose, Milchzucker. Zuckerbaustein-Paare heißen Disaccharide. Sie werden im Verdauungsprozess bald getrennt und gehen einzeln, als sogenannte Monosaccharide, schnell ins Blut über.

DIE HAUPTNÄHRSTOFFE

Drei Hauptnährstoffe kommen in unserer Nahrung vor. Kohlenhydrate, Fette und Eiweiße. Sie sind für den Kalorienwert unserer Speisen verantwortlich. In natürlichen Lebensmitteln sind immer alle drei vertreten. Getreide besteht z.B. hauptsächlich aus Kohlenhydraten, wenig Eiweiß und Fett. Nüsse enthalten vor allem Fett, daneben wenig Kohlenhydrate und Eiweiß, Eier liefern hauptsächlich Eiweiß, etwas Fett und sehr wenig Kohlenhydrate.

DIE LANGSAMEN KOHLENHYDRATE

Es gibt aber auch lange Ketten aus Zuckerbausteinen. Getreidestärke und das natürliche Geliermittel Pektin bestehen z. B. aus solch langkettigen Kohlenhydraten. Ihnen fehlt der Süßgeschmack der Mono- und Disaccharide, aber auch sie werden letztendlich als Einfachzucker ins Blut aufgenommen. Weil die Kohlenhydratketten so lang sind, braucht die Verdauung allerdings eine ganze Weile, bis sie alle Bausteine voneinander getrennt hat, daher wandern diese auch nur nach und nach ins Blut.

AUS DEM DARM INS BLUT

Der Abbau der in einer Mahlzeit verzehrten Kohlenhydrate zu Einfachzuckern ergibt zum größten Teil Glukose. Gelangt diese nun im nächsten Schritt ins Blut, bildet sie dort den Blutzucker.
Blutzucker ist eine wertvolle Fracht, denn einerseits muss genug Zucker vorhanden sein, um die Zellen zu versorgen, andererseits ist zu viel Zucker im Blut

INFO

LANGE UND KURZE KETTEN

Zweifachzucker werden im Verdauungsprozess schnell voneinander getrennt und gehen als Einzelbausteine rasch ins Blut über. Dort kreist die Glukose als Blutzucker und wartet auf ihre Aufnahme in die Körperzellen. Bei langkettigen Kohlenhydraten wie Stärke oder Pektin braucht unser Verdauungsapparat eine ganze Weile, bis er alle Zucker-Bausteine voneinander getrennt hat. Die so entstandenen Einfachzucker wandern daher nur nach und nach ins Blut.

ARTEN VON KOHLENHYDRATEN

EINFACHZUCKER (Monosaccharide)
z. B. Glukose oder Fruktose, finden sich in Obst, Honig und vielen Softdrinks.

ZWEIFACHZUCKER (Disaccharide)
z. B. Maltose oder Saccharose, finden sich in zuckergesüßten Lebensmitteln, in süßen Backwaren, in Bier und Malzgetränken.

MEHRFACHZUCKER (Polysaccharide)
z. B. Stärke, findet sich in pflanzlichen Speicherorganen wie Körnern (Getreide), Kartoffeln und allen daraus hergestellten Produkten.

WEG DER KOHLENHYDRATE IM KÖRPER

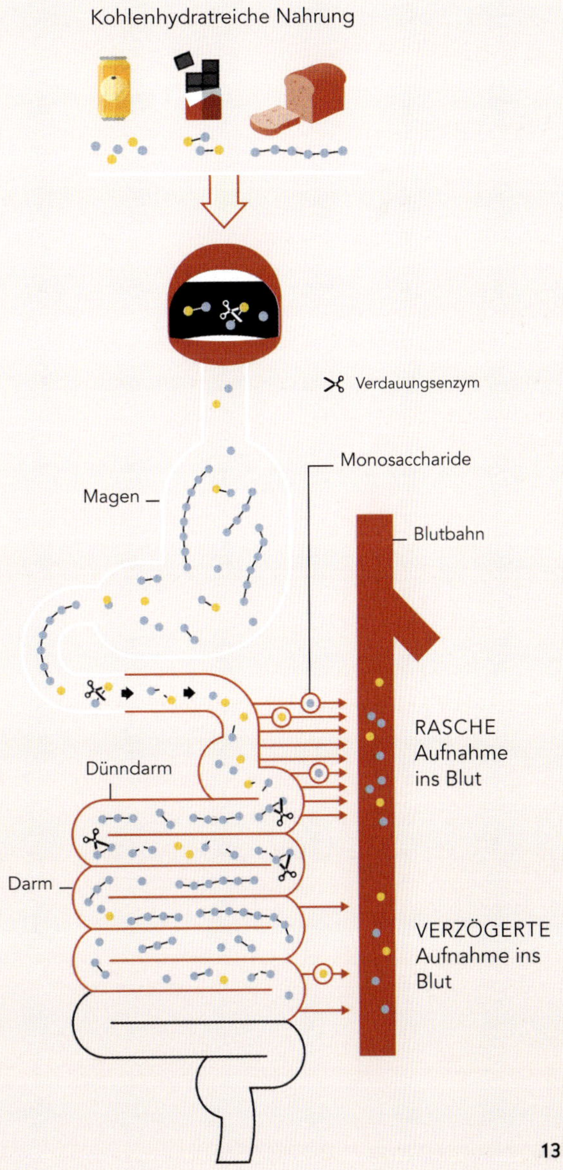

gefährlich für den Körper. Die Menge der im Blut kreisenden Glukose bewegt sich daher bei gesunden Menschen in einem engen Rahmen. Für das richtige Maß ist das Hormon Insulin zuständig.

INSULIN, DAS SCHLÜSSELHORMON

Nach einer Mahlzeit, wenn Glukose ins Blut strömt und in der Folge der Blutzuckerspiegel steigt, tritt das Hormon Insulin auf den Plan. Es wird aus der Bauchspeicheldrüse ausgeschüttet, um der Glukose die Zellen aufzuschließen. Denn nur so kann diese an ihren Wirkungsort vordringen, wo sie als Energielieferant benötigt wird. Ist der Blutzuckerspiegel dann wieder im Lot, zieht sich der Türöffner Insulin zurück.

Schnelle Kohlenhydrate: insulinintensiv

Die als schnell bezeichneten Kohlenhydrate sind im Nu im Darm zerlegt und stehen dem Körper rasch als Energie zur Verfügung. Bestens, wenn Sie auf einer Radtour drohen, schlappzumachen, oder der Garten dringend umgegraben werden muss. Schnelle Kohlenhydrate waren für den Menschen schon immer leicht zu erkennen: Sie schmecken süß. Eine Banane, ein Glas Orangensaft oder ein Stück Traubenzucker bringen Sie in einem solchen Fall zügig auf Trab, denn sie enthalten eine Menge dieser schnellen Kohlenhydrate. Kaum sind die Zuckerpärchen im Darm getrennt, gehen sie überfallartig ins Blut über. Sofort muss ein Stoßtrupp des Hormons Insulin aus der Bauchspeicheldrüse ausgeschüttet werden, um diesem Ansturm von Blutzucker Paroli zu bieten und ihm so schnell wie möglich die Zellen aufzuschließen. Denn dort wird die Energie benötigt, für harte Muskelarbeit. Schon nach kurzer Zeit können Sie also wieder richtig in die Eisen treten oder kräftig den Spaten schwingen.

Langsame Kohlenhydrate: insulinschonend

Bei langkettigen Kohlenhydraten dauert der Weg aus dem Darm bis in die Zelle länger als bei Einfach- und Zweifachzuckern, denn die Aufspaltung der langen Ketten in einzelne Bausteine läuft während der Verdauung nur Stückchen für Stückchen ab. Weil sie aus so vielen Einzelbausteinen bestehen, werden langkettige Kohlenhydrate auch »komplexe Kohlenhydrate«, also zusammengesetzte Kohlenhydrate genannt. Durch die schrittweise Auf-

GEFAHR INSULINRESISTENZ

Auf und nieder, immer wieder – das kann auf Dauer nicht gut gehen. Wer häufig Zuckersüßes isst, fordert das Insulin-Blutzucker-System immer wieder zu Höchstleistungen heraus. Insulin muss bei jeder Zuckerdosis rasant in rauen Mengen zur Stelle sein. Und damit nicht genug: Es muss vor allem auch wieder aus dem Blut verschwinden, nachdem es seine Aufgabe erfüllt hat. Das führt zu Ermüdungserscheinungen des Systems: Zuerst sind die Zellen immer weniger in der Lage, auf die stets wiederkehrenden Anstürme des Zellöffners Insulin zu reagieren. Sie stumpfen ab und nehmen mit der Zeit immer weniger Blutzucker auf. Im Gegenzug produziert die Bauchspeicheldrüse mehr Insulin, um den Zucker dennoch rasch aus dem Blut in die Zelle zu bekommen, bis auch die insulinproduzierenden Zellen in diesem Organ irgendwann schlappmachen, weil sie schlichtweg überlastet sind. Wer seine Ernährung nicht rechtzeitig umstellt, dessen Insulin-Blutzucker-System gerät außer Kontrolle, und man spricht von Insulinresistenz, dem Vorläufer von Diabetes.

WIE VIELE KOHLENHYDRATE BRAUCHEN WIR?

Auch die Fachgesellschaften nehmen allmählich davon Abstand, eine kohlenhydratreiche Ernährung als besonders gesund zu betrachten. Die Deutsche Gesellschaft für Ernährung (DGE) hat sich mit an den aktuellen Forschungsstand angepassten Regeln davon distanziert, eine Empfehlung für den Anteil an Kohlenhydraten in einer gesunden Ernährung abzugeben. Stattdessen lautet die Empfehlung nun, bei Getreideprodukten auf komplexe Kohlenhydrate zu achten, sich also häufig für die Vollkornvariante zu entscheiden. Es gibt also keine Vorgaben, wie hoch der Kohlenhydratanteil in der Ernährung sein sollte. Klar ist allerdings längst, dass der Körper bei nur geringer körperlicher Belastung viel weniger Kohlenhydrate verarbeiten kann. Was nicht von den Muskeln verfeuert wird, landet in den Fettspeichern.

spaltung gelangt die Glukose nur nach und nach ins Blut, dafür aber über einen längeren Zeitraum hinweg. Das Insulin hat es in diesem Fall etwas leichter, es muss keinen plötzlichen Ansturm von Glukose im Blut bewältigen, sondern kann seine Aufgabe gemächlicher erfüllen. Es werden also keine so hohe Mengen Insulin auf einmal benötigt.

Das Zuviel ist das Problem

Also sind die langsamen, langkettigen Kohlenhydrate doch gar nicht so schlecht, oder? Warum also sollten Sie mit Low Carb alle Arten von Kohlenhydraten, auch die langsamen, reduzieren?
Weil wir mit unserem heutigen Lebensstil insgesamt deutlich zu viele Kohlenhydrate essen, lautet die Antwort. Die Speicher für Kohlenhydrate in Muskeln und Leber sind sehr begrenzt. Sind diese voll, weil Sie über das Essen ohne Unterlass neue Kohlenhydrate liefern, ohne die gespeicherte Energie in Form von körperlicher Arbeit zu nutzen, dann müssen die Energieträger eben woandershin. Die Lösung: das Fettgewebe. Das körpereigene Fettgewebe hat schier unbegrenzte Möglichkeiten, Energie in Form von Fett zu speichern, und so finden sich dort viele sehr bequeme Plätzchen. Das heißt, die gerade nicht für Aktivitäten benötigten Kohlenhydrate werden in Ihrem Körper auf simpelste Weise direkt in Hüftgold umgewandelt.
Die Konsequenz ist klar: Sie gehen mehr und mehr in die Breite, entwickeln irgendwann das besonders ungesunde Bauchfett, auch die Leber verfettet, die Blutfettwerte verschlechtern sich. Und im schlimmsten Fall werden Sie davon krank.

Die Lösung: Kohlenhydratbremse und Kohlenhydratpausen

Regelmäßiges Essen und ein üppiges Nahrungsangebot bewirken, dass unsere körpereigenen Kohlenhydratspeicher stets gut gefüllt und nach körperlicher Anstrengung auch im Nu wieder aufgefüllt sind. Klar, dass dann Kohlenhydrate aus dem Essen schnell im Fettgewebe landen. Da hilft nur, den Kohlenhydratverzehr grundsätzlich einzuschränken, einen kohlenhydratärmeren Essensstil zu leben.
Wie Sie ganz bewusst auf die Kohlenhydratbremse treten, zeigen wir auf den folgenden Seiten.

SCHRITTWEISE ZU LOW CARB

Phase 1: Orientierung

Sie möchten Ihrer Gesundheit und Ihrem Körpergewicht zuliebe weniger Kohlenhydrate essen – gute Idee! Mit diesem Buch reduzieren Sie in vier Schritten die Kohlenhydrate auf ein gesundes Maß.

Aber wie anfangen? Was können Sie jetzt noch essen, können Sie sich jetzt überhaupt noch ausgewogen ernähren und wie schaffen Sie die Umstellung? Sie können einem der vielen Konzepte folgen, die es in Hülle und Fülle gibt. Im Grunde geht es aber sogar noch einfacher, lowcarb zu essen, mit dem Ziel, gesünder zu leben und Ihr Wohlfühlgewicht zu halten oder zu erreichen.

DARF'S ETWAS WENIGER SEIN?

Sie brauchen weder eine extreme Ernährungsumstellung, noch müssen Sie sich schmerzlich einschränken. Es geht nur darum, in Zukunft weniger Kohlenhydrate zu essen und dies langfristig beizubehalten. Das ist es, wobei Sie dieses Buch unterstützen will. Hier werden Sie mithilfe eines vierstufigen Systems Ihre Ernährungsweise dauerhaft auf eine moderate Low-Carb-Ernährung umstellen und sich dabei ausgewogen und gesund ernähren.

- Wie bei vielen Techniken, die Sie neu erlernen wollen, gehen Sie schrittweise vor. Zuerst beschäftigen Sie sich mit der Theorie. Das ist die Orientierungsphase. In dieser Phase, die etwa eine Woche dauert, machen Sie eine Bestandsaufnahme Ihrer Küche, dann Ihres Speiseplans und Essverhaltens.
- In der nächsten Phase erproben Sie das theoretisch Erlernte: Sie essen etwa eine Woche lang mindestens einmal täglich Low Carb.
- In Phase drei wird aus der Erprobungsphase eine Lernphase, jetzt leben Sie ein bis drei Wochen von morgens bis abends Low Carb nach Plan.
- Nach diesen drei Schritten sind Sie schon fast ein »alter Hase«. Jetzt leben Sie Low Carb freestyle, freihändig und ohne Stützräder, denn nun wissen Sie, wie es geht.

KOHLENHYDRATE KENNENLERNEN UND AUFSPÜREN

Zu Beginn Ihrer Zukunft mit weniger Kohlenhydraten gehen Sie auf Low-Carb-Entdeckertour. Erkunden Sie, wo sich in Ihrer Küche die meisten

Kohlenhydrate verstecken. Weil Kohlenhydrate in unserer aller üblichen Ernährungsweise so selbstverständlich sind, müssen Sie Ihren Blick vermutlich erst einmal dafür schärfen, um sie überhaupt ausfindig zu machen. Aber dann werden Sie sich vielleicht wundern, wie viel Kohlenhydrate Sie von morgens bis abends eigentlich so verputzen.

Das tägliche Kohlenhydratkarussell

Ihren Tag beginnen Sie vielleicht mit einem gesunden Müsli mit frischen oder getrockneten Früchten. Wenn es schnell gehen muss, kann auch ein Obst-Smoothie aushelfen. Oder sind Sie eher der Brot- und Brötchentyp? Morgens natürlich gerne mit Marmelade oder Honig. Mittags schaufeln Sie sich dann in der Kantine ordentlich Nudeln, Reis, Pommes, Kartoffelsalat oder -püree auf den Teller, oder Sie beißen beherzt in die mitgebrachten Stullen. Abends schmeckt Ihnen ein deftiges Abendbrot mit Brot und Brötchen am besten – oder es gibt erst jetzt das warme Essen, auf das Sie am Mittag verzichten mussten. Weil wenig Zeit zum Kochen ist, stehen dann sicher häufiger mal Nudeln oder Pizza auf dem Tisch.
Und wenn zwischendurch der kleine Hunger kommt, dann bieten Schokoriegel, süße Teilchen oder ein belegtes Brötchen vom Bäcker ihre schnelle Hilfe an. Ihren Durst löschen Sie selbstverständlich mit Fruchtsaftgetränken, Limonade, Cola, Energy-Drinks oder Kaffee mit Milch und Zucker. Und das abendliche Couchgelage vor der Glotze geht nicht ohne Wein oder Bier mit Chips, Salzgebäck, Cracker oder Grissini, zur Not können natürlich aber auch eine Tafel Schokolade, diese unwiderstehlichen Weingummis oder ein paar klitzekleine Schokoladenkekse herhalten …
Auch wenn nicht alles aus der obigen Beschreibung auf Sie zutrifft, unser Essen besteht aus Kohlenhydraten satt, von morgens bis abends. So kommen schnell 220 bis 250 Gramm Kohlenhydrate zusammen, tagtäglich.

TAG 1: ALS KOHLENHYDRAT-DETEKTIV UNTERWEGS

Sie wundern sich, dass in Ihrem Essen tatsächlich so viele Kohlenhydrate stecken könnten? Mal sehen. Nehmen Sie dieses Buch an Tag 1 Ihrer schrittweisen Umstellung auf ein kohlenhydratsparsameres Leben zu einem Rundgang mit in Ihre Küche. Schauen Sie, was sich da so alles in Ihren Vorräten befindet. Vielleicht werden Sie staunen, wo Sie überall Kohlenhydrate finden.

Im Kühlschrank

Zuerst werfen Sie einen kritischen Blick in Ihren Kühlschrank. Sie sehen frisches Gemüse und Obst, Butter, Milch und reine Milchprodukte ohne Zusätze, außerdem Käse, Wurst, (geräucherten) Fisch, Veggie-Aufstriche und natürlich Eier? So sieht der perfekt low-carb-bestückte Kühlschrank aus.
Was sehen Sie noch – Fruchtjoghurts, Quarkzubereitungen, Milchreis und Grießpudding? Hier hat der Zuckerteufel schon zugeschlagen. In einem 250-Gramm-Becher Kirschjoghurt beispielsweise, der schnell mal eben weggelöffelt ist, kann sich das Pendant von mehr als 11 Stück Würfelzucker befinden. Durchschnittlich sind es in solchen Milchprodukten, auch in Milchgetränken, 15 bis 20 % Kohlenhydrate. Wenn Knusperzusätze aus Getreide und Zucker dazukommen, erhöht sich die Menge noch. Auch Würzsaucen, Fertigsalate und Dosenfisch

Flüssiges High-Carb: Fruchtsaft und Cola enthalten pro Glas den Gegenwert von 7 Stück Würzelzucker, Fruchtnektar sogar von 11 Stück.

kann unerwartet viel Zucker zugesetzt sein, den Sie tückischerweise kaum bemerken. Die Menge eines Stücks Würfelzucker, also 3 Gramm Zucker, findet sich in einem Esslöffel Ketchup – das ist die süßsaure Realität. In 100 Gramm Heringsfilet in süßsaurer Sauce können es fast 10 Gramm sein. Pestosaucen dagegen sind vorbildliches Low Carb. Es gibt inzwischen viele unterschiedliche Sorten, probieren Sie sich einfach durch …

Schauen Sie sich jetzt die Getränke an. Wenn Sie hier nur Mineralwasser sehen, ist alles im grünen Bereich. Aber schon bei den Fruchtsäften fängt es an. Apfel-Direktsaft ganz ohne Zusätze enthält schon etwa 120 Gramm Fruchtzucker pro Liter. Als Durstlöscher ist Saft damit ungeeignet, genießen Sie ihn besser mit Wasser als Schorle. Richtig viele Kohlenhydrate stecken in Fruchtnektaren. Mit Mangonektar beherbergen Sie den Spitzenreiter in Ihrem Kühlschrank, stolze 44 Stück Würfelzucker, also etwa 130 Gramm Zucker, sind in der 1-Liter-Packung enthalten. Nektar genießen Sie also in Zukunft besser wie Pralinen, nur aus einem Gläschen und als besondere Leckerei. Und wie sieht es mit Limonade, Cola, Eistee oder Energy-Drinks aus? 85 bis 100 Gramm pro Liter sind da leider nicht so viel besser, bei Energy Drinks können es sogar bis zu 160 Gramm Kohlenhydrate sein.

Guter Low-Carb-Vorrat: Nüsse und Samen stecken voller gesunder Fette, Hülsenfrüchte liefern wertvolles Eiweiß.

Im Tiefkühlgerät

Als Nächstes schauen Sie ins Tiefkühlgerät. Sie sehen Tiefkühlspinat und anderes unverarbeitetes Gemüse, mehr nicht? Gut, Sie können die Klappe wieder schließen. Bei Tiefkühlobst kann je nach Sorte der Zuckergehalt zu einer nicht unwesentlichen Kohlenhydratmenge beitragen, besonders Exoten wie Ananas, Mangos etc. sind nicht ohne. Sie finden sich in vielen TK-Fruchtmischungen. TK-Beeren dagegen sind tolles Low-Carb-Obst.

Vermutlich finden Sie aber auch Pommes, Pizza, Fertigteige und Fertiggerichte. Bei Kartoffelprodukten, bei Teigen, Kuchen und Pizza ist ja klar, dass das konventionell nicht ohne Kohlenhydrate geht. Dazu kommt aber bei Fertiggerichten noch der Zuckergehalt, mit dem Sie sicher nicht gerechnet haben. Mehr als das Pendant von vier Stück Würfelzucker in einer Salamipizza überrascht Sie dann vielleicht. Und diese Mengen kommen noch obendrauf auf die ohnehin kohlenhydratreiche Pizza.

Low-Carb-Smileys dagegen bekommen (unpanierte) tiefgekühlte Fleisch- und Geflügelteile, Fischfilets, Meeresfrüchte.

Im Vorratsschrank

Im Vorratsschrank ticken jede Menge Kohlenhydratbomben vor sich hin: Mehl, Flocken, Nudeln, Reis, vielleicht auch andere ganze Körner von Getreide oder getreideähnlichen Pflanzen wie Hirse. Das alles sind von Natur aus Kohlenhydratknaller. Die stärkereichen Kartoffeln und Süßkartoffeln sind im vergleichsweise hohen Kohlenhydratbereich. Doch in ihrer Naturform gekocht, gebraten, gebacken in nicht zu großen Mengen sind sie durchaus erlaubt. Keinen Platz in der Low-Carb-Küche haben sie in Form von Chips, Stärkemehl und als Püreepulver. Vielleicht finden Sie in Ihrem Vorratsschrank auch

Mais, Möhren oder Erbsen als Konserven. Sie sind für Gemüse relativ kohlenhydratreich. Ihnen können Sie dennoch grünes Licht geben, ohne weitere Zusätze haltbar gemachtes Gemüse ist immer gesund. Obstkonserven dagegen sind selbst ungesüßt recht kohlenhydratreich: Aprikosen schlagen mit 18 Gramm, Apfelmus mit 23 Gramm und Schattenmorellen mit 20 Gramm zu Buche. Aber die Sieger in Ihrem Vorrastschrank werden die Trockenfrüchte sein, sie bestehen zu mehr als der Hälfte aus Kohlenhydraten, sprich Zucker: Da kommen 51 Gramm auf 100 Gramm Aprikosen, bei Datteln sind es 65 und bei Rosinen 68 Gramm.
Wenn Sie Nüsse und Samen in Ihrem Vorratsschrank finden, prima, denn sie passen gut in die Low-Carb-Ernährung. Ebenso wie Hülsenfrüchte, ob aus der Dose oder getrocknet. Zwar enthalten sie auch Kohlenhydrate – gegart haben Linsen 41 Gramm und Kidneybohnen sogar 60 Gramm Kohlenhydrate pro 100 Gramm. Doch durch ihren hohen Eiweißgehalt gehen die Kohlenhydrate nur langsam ins Blut und schonen damit den Blutzuckerspiegel. Damit bereichern Hülsenfrüchte in mäßigen Mengen Ihre Low-Carb-Ernährung.

Im Obstkorb

Die kohlenhydratreichste Frucht im Obstkorb ist die Banane: Sie besteht zu über einem Fünftel aus Kohlenhydraten. Je reifer sie ist, desto mehr ihrer Kohlenhydrate sind von Stärke zu Zucker umgewandelt. Auch sehr süße Früchte, zu denen vor allem viele exotische Sorten gehören, etwa die Ananas mit 12 Gramm Kohlenhydraten pro 100 Gramm, sind bei Weitem nicht low carb.
Sie dagegen passen gut in das Low-Carb-Konzept: säuerliche Äpfel, Papayas, Erdbeeren, Himbeeren, Heidelbeeren, Stachelbeeren, Kiwis, Orangen und andere Zitrusfrüchte. Empfehlenswert: nicht mehr als eine Handvoll auf einmal verzehren.
Apropos Obst: Gegen einen gesunden Smoothie aus Obst sollte ja wohl nichts sprechen. Wussten Sie aber, dass Sie über ein normales 200-ml-Glas

LOW CARB AUS DEM EFFEFF

Vielleicht essen Sie schon manchmal Low Carb, ohne sich dessen bewusst zu sein. Wenn Sie zum Beispiel Fan eines englischen Frühstücks mit Ei, Speck und Würstchen sind und dazu nur ein wenig Toast knabbern, ist das Low Carb. Ein Omelett zum Abendbrot, ein saftiges Steak mit Gemüse und einem kleinen Stückchen Brot dazu, ein bunter Salat, eine mit Hackfleisch gefüllte Paprika, eine Gemüsesuppe … Das sind alles Gerichte, die natürlicherweise low carb sind. Als Kohlenhydratdetektiv wird es Ihnen jetzt nicht mehr schwerfallen, solche Low-Carb-Gerichte zu identifizieren.
Damit Sie zu Hause immer öfter »ganz automatisch« Low-Carb-Mahlzeiten auf den Tisch zaubern, hier der kohlenhydratarme Vorrat kurz und knapp:
Kühlschrank: frisches Gemüse und Obst, Butter, Milch und reine Milchprodukte ohne Zusätze, außerdem Käse, etwas Wurst, geräucherter Fisch, Veggie-Aufstriche, Pesto

- Tiefkühlgerät: unverarbeitetes Gemüse, TK-Beeren, Fleisch, Geflügel, Fisch und Meeresfrüchte
- Vorratsschrank: Gemüsekonserven, Hülsenfrüchte wie Bohnen, Linsen & Co.
- Obstkorb: säuerliche Äpfel, Papayas, Erdbeeren, Himbeeren, Heidelbeeren, Stachelbeeren, Kiwis, Orangen und andere Zitrusfrüchte
- Brotkasten: Vollkornbrot (z. B. Pumpernickel), Low-Carb-Brot, Vollkorn-Knäcke

mehr als 21 Gramm Zucker aufnehmen können, allein über den Fruchtzucker im pürierten Obst? Ein 200-ml-Smoothie aus Orangensaft, Möhren und Bananen kann durchaus die Zuckermenge von 7 Würfelzuckerstückchen enthalten. Das ist aus Low-Carb-Sicht nicht besser als ein Softdrink. Wählen Sie daher bei Fruchtsmoothies solche aus Beeren, sie enthalten weniger Zucker als anderes Obst. Und Smoothies nur mit Gemüse sind noch viel kohlenhydratärmer.

Im Brotkasten

Dass Sie hier ein echtes Kohlenhydratnest ausheben können, ist klar. Konventionelles Brot besteht aus Getreide, und das wiederum ist natürlich kohlenhydratreich. Aber dennoch gibt es kleine Unterschiede. Während 100 Gramm reines Weißbrot mit 48 Gramm Kohlenhydraten zu Buche schlagen, ist dieselbe Menge Roggenvollkornbrot mit 38 Gramm etwas harmloser. Und das nicht zuletzt, weil Vollkornbrot deutlich mehr Ballaststoffe besitzt.
Kleine Mengen Vollkornbrot passen damit durchaus in die Low-Carb-Ernährung. Und für Brotliebhaber gibt es zum Glück inzwischen in vielen Bäckereien, Supermärkten und Bioläden Low-Carb-Brote und -brötchen. Nicht zu vergessen auf dem Low-Carb-Tisch: Knäcke- und Crisp-Brote. Sie kommen allein wegen ihres Leichtgewichts mit nur Mini-Mengen an Kohlenhydraten daher.

TAG 2 BIS 4: SELBSTBEOBACHTUNG

Jetzt, wo Sie einen Überblick über die Lebensmittel bekommen haben, die besonders kohlenhydratreich sind, geht es in den nächsten drei Tagen an die Selbstbeobachtung. In dieser Zeit bewerten Sie all Ihre Mahlzeiten danach, wie sehr diese Ihr Kohlenhydratkonto belasten.
Beobachten Sie jetzt auch Ihre Reaktion auf unterschiedlich hohe Kohlenhydratmengen in Ihren Mahlzeiten und notieren Sie diese. Bei welchen Mahlzeiten haben Sie besonders viel gegessen – und warum? War es der Hunger oder die Gesellschaft, in der es immer besonders gut schmeckt oder gar der Frust. Fühlten Sie sich gut gesättigt nach dem Essen, und wie lange? Lag Ihnen eine Mahlzeit schwerer im Magen als die andere? Gab es Mahlzeiten, nach denen Sie im Tagesverlauf eine Heißhungerattacke erlebten?
Beginnen Sie, dafür ein Ernährungstagebuch zu führen, in dem Sie alle Mahlzeiten und Ihre Reaktion darauf festhalten. So bringen Sie System in Ihr beginnendes Low-Carb-Leben, und neue Erkenntnisse gehen Ihnen nicht verloren.
Besorgen Sie sich ein hübsches Blanko-Büchlein. Es sollte in die Handtasche passen, damit es Sie überallhin begleiten kann, wenn Sie mal länger unterwegs sind. In Ihr Low-Carb-Tagebuch schreiben Sie, welche Mahlzeiten Sie wann am Tag gegessen haben und zu welchen Anlässen.
In der letzten Spalte können Sie Anmerkungen zu besonderen Anlässen für ungewöhnliche Mahlzeiten einfügen.

Hilft, alte Gewohnheiten zu entlarven

Schreiben Sie alles auf:

- welche Mahlzeiten Sie wann gegessen haben,
- welche davon low carb waren,
- was Ihnen besonders gut geschmeckt hat,
- was Ihnen weniger zugesagt hat
- und was Ihnen besonders gefehlt hat.

Vergessen Sie die Snacks nicht. Notieren Sie auch, in welchen Situationen Sie besonders viele Kohlenhydrate gegessen haben. Vielleicht haben Sie Schokolade genascht, weil es zur Arbeit am Schreibtisch einfach dazugehört. Oder Sie sind beim Bäcker eingekehrt, weil Sie dem Duft nicht widerstehen konnten, und haben in der Mittagspause automatisch zum Kantinenliebling Nummer eins, der Currywurst mit Pommes, gegriffen. Dokumentieren Sie das alles! Lernen Sie Ihr eigenes Kohlenhydrat-Ernährungsmuster kennen. Es gibt viele Gründe, nicht immer muss es die reine Kohlenhydratlust sein, die Ihnen einen Strich durch die

INFO

ERNÄHRUNGSTAGEBUCH

Ein Tagebuch hilft dabei, den Überblick zu behalten. Mit ihm gehen Sie auf Spurensuche und können so immer zurückverfolgen, wie Ihre Ernährung aussieht. Sie finden heraus, welches die Auslöser sind, die Sie von Ihrem Vorhaben abgehalten haben. So können Sie Strategien für die Zukunft entwickeln und Kohlenhydratfallen umgehen.

Tag: Mittwoch 21.3.

	Das habe ich gegessen	Das habe ich getrunken	So habe ich mich gefühlt	Bemerkungen zu ungewöhnlichen Mahlzeiten
morgens	2 Vollkorntoasts, Butter, Frischkäse, Marmelade	1 Glas Milch, Tee mit Zucker		
• zwischen	Apfel	Kaffee Wasser	Heisshunger vor dem Mittagessen	
mittags	Lasagne, grüner Salat, Eis	Apfelschorle	nach dem Essen: sehr müde	Lieblingsessen!!!
• zwischen	Nüsse, Chips	2 Cocktails		Afterwork-Party
abends	Kräuterquark, Rohkost, Low-Carb Brötchen	Kräuter-limonade		
• spät	3 Handvoll Studentenfutter	2 Glas Wein	müde und hungrig	spannender Spätfilm
Besonderheiten des Tages	Kollege hat zur Afterwork-Geburtstagsparty eingeladen			

Rechnung macht. Manchmal ist es auch die fehlende Gelegenheit für eine Low-Carb-Mahlzeit. Mithilfe Ihres Tagebuches erfahren Sie, welche Ess-Situationen Sie erleben. Nur so können Sie High-Carb-Fallen in Zukunft umschiffen und Strategien entwickeln, damit umzugehen.

Hilft, neue Gewohnheiten einzuführen

Ihr Tagebuch hilft dabei, den Überblick über Ihre Ernährungssituation zu bekommen. Mit ihm können Sie immer zurückverfolgen, wie Ihre Ernährung aussah. Nur so halten Sie fest, wie viel Sie tatsächlich gegessen haben, was für Sie besonders gut funktioniert, was Sie sehr gut gesättigt hat, aber auch, welches Ihre persönlichen Fallstricke sind. Mit Ihrem Tagebuch können Sie auf Spurensuche gehen und herausfinden, welches die Auslöser waren, die Sie zu kohlenhydratreichen Lebensmitteln haben greifen lassen. Auf diese Weise können Sie Strategien für die Zukunft entwickeln und Kohlenhydratfallen umgehen.

So können Ihre Strategien beispielsweise aussehen:

- Wenn Schokolade und Schreibtischarbeit für Sie untrennbar verbunden sind, dann ersetzt in Zukunft ein Schälchen Nüsse die Schokolade vor Ihnen auf dem Schreibtisch. So können Sie nebenbei knabbern, aber lowcarb.
- Wenn der Bäckereiduft unwiderstehlich ist, dann wechseln Sie rechtzeitig die Straßenseite.
- Wenn alle Currywurst mit Pommes essen, dann essen Sie die Wurst auch – aber ohne die Pommes, sondern mit Salat.

Das Tagebuch führen Sie am besten in allen weiteren Phasen der Umstellung auf Low Carb weiter. Über die Wochen und Monate können Sie sehr gut Ihre persönlichen Fortschritte beobachten. Tragen Sie am besten auch Ihr Körpergewicht anfangs alle drei Tage, später jede Woche ein.

Und wenn Sie Lust haben, dann kleben Sie sich bei jeder Low-Carb-Mahlzeit, die Sie gegessen haben, ein Sternchen oder einen fröhlichen Smiley ins Buch. Diese kleine Belohnung für gute Leistungen kennen Sie vielleicht noch aus der Grundschulzeit – so eine liebevolle Geste sich selbst gegenüber kann auch heute noch motivieren. Mit der Zeit werden auf den Seiten immer mehr Sterne funkeln oder immer mehr Smileys glücklich lächeln!

KOHLENHYDRAT-ALTERNATIVEN NOCH UND NÖCHER

Nudeln, Reis, Brot, Kartoffeln, Kuchen, Schokolade oder Softdrinks – sicher haben auch Sie Ihre Kohlenhydratlieblinge, von denen Sie sich besonders

LOW-CARB-NUDELVIELFALT

- Konjaknudeln sind so kalorien- und kohlenhydratarm wie keine andere Nudelalternative, aber ballaststoffreich (Rezeptbeispiel: Asia-Nudelsuppe mit Tofu Seite 108). Sie werden aus den Wurzelknollen einer ostasiatischen Pflanze hergestellt. Der fischige Geruch vergeht durch gründliches Spülen, das etwas wabbelige Mundgefühl ist aber nicht jedermanns Sache.
- Die Kohlenhydratgehalte von Nudeln aus Sojabohnen und anderen Hülsenfrüchten liegen deutlich unter denen von normalen Nudeln, sind aber auch nicht niedrig. Doch ihre Kohlenhydrate gehören zu den langsam verdaulichen. Viel gesundes Protein ist ein weiteres Plus.
- Proteinnudeln auf der Basis von Gluten oder Erbsenprotein dürfen mit etwa 15 Gramm Kohlenhydraten auf 100 Gramm guten Gewissens Low Carb genannt werden.

schwer trennen können. Vielleicht ist das auch nur deshalb der Fall, weil Sie keine Alternativen sehen. Darum hier die besten Low-Carb-Interpretationen dieser Lebensmittel:

Nichts geht ohne Pasta?

Dann gibt es mehrere Möglichkeiten: Steigen Sie um auf Vollkorn, denn durch die darin enthaltenen Ballaststoffe werden die Kohlenhydrate langsamer ins Blut aufgenommen, und Ihr Insulinspiegel steigt nicht so stark an. Und kehren Sie die Mengen von Nudeln und Beilagen einfach um: Statt sich Nudeln mit Beilage auf den Teller zu laden, laden Sie sich Beilage mit Nudeln auf. Oder Sie machen aus den Spaghetti mit Tomatensauce eine Tomatensuppe mit Nudeleinlage.
Oder aber Sie kochen mit einer der verschiedenen Sorten von Low-Carb-Nudeln (siehe Kasten).
Wenn Sie Pasta deswegen so lieben, weil es die vielen leckeren Saucen gibt, dann sind Gemüsenudeln ideal. Aus Möhren, Zucchini, Kürbis, Petersilienwurzeln oder Pastinaken hobeln Sie einfach ganz dünne, schmale Scheiben oder spiralisieren Nudeln mit dem Spiralschneider, kochen diese bei Bedarf noch 5 Minuten in Salzwasser und servieren Ihre Sauce zu diesen Nudeln. Probieren Sie doch mal die Minestrone mit Zucchininudeln von Seite 104, den Glasnudel-Garnelen-Salat von Seite 102 oder die Gemüse-Bolognese mit Pasta von Seite 120.

Es gibt Reis, Baby!

Auch hier gilt: Die Kohlenhydrate der Vollkornvariante, also des ungeschälten, braunen Reises, gehen langsamer ins Blut als die von weißem Reis. Im absoluten Gehalt an Kohlenhydraten unterschieden sich die Reisarten allerdings nur marginal: Statt 78 % Kohlenhydrate hat Naturreis 74 %. Also in den herkömmlichen Mengen immer noch zu viel für eine Low-Carb-Ernährung. Wenn Sie auf Reis nicht verzichten wollen, dann genießen Sie ihn wie bei den Nudeln beschrieben: Wählen Sie Vollkornreis, verschieben Sie die Verhältnisse auf dem Teller zugunsten der anderen Zutaten und sehen Sie die Körner als kleine Beigabe.
Es gibt Getreidealternativen, die nicht ganz so viele Kohlenhydrate mitbringen wie Reis, aber wie dieser verwendet werden können. Amaranth und Quinoa liegen bei etwa 60 Gramm Kohlenhydraten pro 100 Gramm und haben dabei einen deutlich höheren Proteinanteil als Reis. Aber auch diese getreideähnlichen Körner sollten nicht die Hauptrolle auf dem Teller spielen. In Rezepten wie der Hühnersuppe mit Amaranth-Flädle von Seite 110, dem Bunten Quinoa-Salat von Seite 82 sowie dem Quinoa-Orangen-Brei mit Schoko von Seite 58 machen sie eine gute Figur.
Viele Low-Carb-Anhänger schwören auf Blumenkohl-»Reis«, der aus reiskorngroß zerkleinertem Blumenkohl besteht. Das geht in der Küchenmaschine oder auch mit der groben Küchenreibe und ist Low Carb in Reinform! Der milde Blumenkohlgeschmack passt zu vielen Gerichten, und der »Reis« ist superschnell angebraten oder in etwas Wasser gegart. Weil er so beliebt ist, gibt es ihn mittlerweile sogar schon fertig geraspelt in der Kühltheke mancher Supermärkte. Und der Blumenkohl-»Reis« ist noch vielseitiger als herkömmlicher Reis. Er bildet zum Beispiel die Basis für einen Pizzaboden und kann sogar beim Kuchenbacken lecker eingesetzt

Blumenkohl kann wie Reis als Basis für Low-Carb-Gemüsebowls verwendet werden. (s. Rezept S. 96).

INFO

KOHLENHYDRATE ERSETZEN

Low Carb bedeutet vor allem Umdenken. Sie können nach wie vor Ihre Lieblingsspeisen genießen – sofern Sie die Kohlenhydratbomben darin entschärfen. Sehen Sie selbst, welche Varianten es gibt, probieren Sie sich durch, finden Sie ganz persönliche Favoriten.

KOHLENHYDRATARME ERSATZPRODUKTE

NUDELN

Gemüsenudeln (mit dem Spiralschneider geschnitten). Außerdem: Konjaknudeln, Nudeln aus Hülsenfrüchten (→ Glasnudel-Garnelen-Salat, S. 102; Minestrone, S. 104)

PIZZA

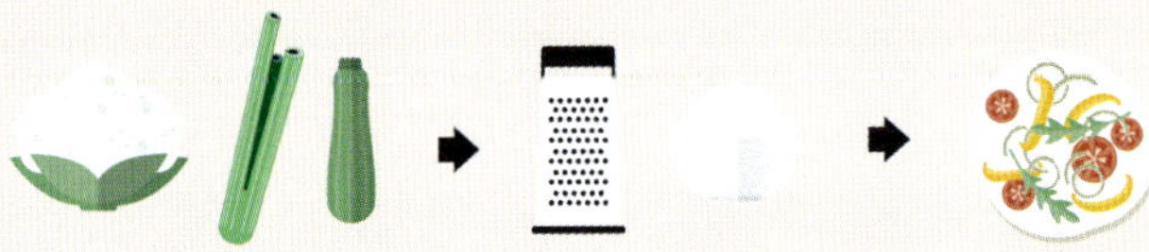

Stichwort »Pizza«: Pizzaboden aus Blumenkohl, Sellerie, oder Zucchini (→ Selleriepizza, S. 128)

REIS

Blumenkohlreis. Außerdem: Konjak-Reisnudeln, kleine Mengen Vollkornreis/Amaranth/Quinoa (→ Kürbis-Blumenkohl-»Risotto«, S. 118)

POMMES / CHIPS

Pommes aus Kohlrabi und Kürbis, Chips aus Grünkohl, Roter Bete, Zucchini (→ Kürbisfritten, S. 139)

LIMONADE

mit Obst oder Gemüse aromatisiertes (ungesüßtes) Wasser

werden. Probieren Sie sich durch Blumenkohl-Risotto mit Kürbis und Gremolata von Seite 118 oder den Kräuter-Blumenkohlsalat mit Feta von Seite 80. Auch als Beilage zum Spargelcurry von Seite 119 eignet sich Blumenkohl-»Reis«.

Rein in die Kartoffeln, raus aus den Kartoffeln

Currywurst ohne Pommes, Fischstäbchen ohne Kartoffelpüree, Würstchen ohne Kartoffelsalat – können Sie sich nicht vorstellen? Kartoffeln sind an sich gar nicht so kohlenhydratreich, wie man vermuten könnte. Gekocht haben sie etwa 15 Gramm pro 100 Gramm. Warum sie dennoch bei Low Carb mit Vorsicht gesehen werden, liegt daran, dass sie meistens üppig auf den Teller kommen. Als Pommes, als Rösti und als Bratkartoffeln beispielsweise machen sie häufig einen großen Teil einer Mahlzeit aus und tragen dann durchaus dazu bei, dass es zu viel des Guten wird.
Als kleine Beilage sind Kartoffeln dagegen durchaus in jeder Form low-carb-kompatibel. Probieren Sie doch einmal diese Rezepte aus unserem Buch: Ofen-Doraden mit roter Mojo (Seite 132), die Tomatensuppe mit Kartoffel-Rosmarin-Croûtons (Seite 107) und die Tex-Mex-Tortilla von Seite 117. Die Süßkartoffel ist bei manchen Low-Carb-Verfechtern eine gern gesehene Alternative, ebenso der Kürbis. In unserem Buch kommt er beispielsweise ganz kartoffelklassisch in Form von Kürbisfritten vor (Rezept Seite 139).
Und wie sieht's aus mit Püree? – Haben Sie schon mal ein Püree aus Blumenkohl, Möhren, Knollensellerie, Steckrüben, Petersilienwurzeln oder Pastinaken probiert? Das schlägt jedes Kartoffelpüree um Längen und hat auf jeden Fall weniger Kohlenhydrate. Diese Gemüsesorten können Sie auch halb-halb mit Kartoffeln mischen. Probieren Sie doch mal das Szegediner Gulasch mit Petersilienwurzel-Kartoffelpüree von Seite 126. Und ein wahrer Geheimtipp ist Kohlrabi: Als Ofenpommes und im Kartoffelsalat ein leckerer und würdiger Kartoffelersatz, beweist der Nizzasalat mit Thunfisch von Seite 100 auf schmackhafteste Weise.
Und übrigens: Chips schmecken auch, wenn sie nicht mit Kartoffeln zubereitet werden, sondern aus geraspeltem Hartkäse, das zeigen die Gewürz-Käsecracker von Seite 140.

Nicht nur in der Not: ohne Brot

Morgens der volle Brötchenkorb, mittags das belegte Brot am Schreibtisch und abends ein gemütliches Abendbrot – wenn Sie nicht ganz verzichten wollen, dann müssen Sie sich Brotalternativen suchen. Denn auch, wenn der Kohlenhydratanteil von Vollkornbroten etwas geringer ist als bei Weißbrot und die Ballaststoffe den Insulinausstoß in einem gewissen Rahmen halten – lowcarb ist keine der vielen unserer herkömmlichen Brotsorten.
Sie können aber auf Proteinbrot oder -brötchen umsteigen, die es mittlerweile in fast jeder Backfiliale zu kaufen gibt, die Sie aber auch selber backen können. Ein Rezept für ein leckeres kerniges Mandel-Nuss-Brot sowie eines für Chia-Quarkbrötchen finden Sie auf den Seiten 72 und 73. Proteinbrot hat zwar nur fünf bis sieben Prozent Kohlenhydrate, aber bis zu zehnmal so viel Fett wie ein normales Brot und entsprechend viele Kalorien. Deshalb sollte Sie Proteinbrot nicht zu Ihrer Leibspeise machen, sondern lieber versuchen, ein paar Ihrer täglichen Mahlzeiten in Zukunft weniger brotlastig zu gestalten.
Was auch geht, sind kleine Mengen Vollkorn-Knäckebrot. Denn eine Scheibe ist so leicht, dass der Kohlenhydratgehalt nicht ins Gewicht fällt. Belegen Sie es dick mit dem Low-Carb-Belag Ihrer Wahl, dann sind Sie im grünen Bereich.

Niemals ohne mein Müsli

Herkömmliche Müslis bestehen zu einem großen Teil aus Getreideflocken, oft sind auch Rosinen und andere Trockenfrüchte dabei, und vielen wird dazu noch eine ziemliche Menge Zucker, häufig auch in Form von Schokolade, beigemischt. Dass solche

SELBST GEMACHT

Ohne viel Aufwand können Sie sich natürlich auch Ihre eigene Low-Carb-Müslimischung zusammenstellen. Mischen Sie auf Vorrat eine leckere Auswahl an Nüssen wie Haselnüsse, Cashewkerne oder die besonders eiweißreichen Erdnüsse, am besten grob gehackt. Geben Sie nach Wunsch noch Mandelblättchen, Kokosflocken und Samen wie Sonnenblumen- oder Kürbiskerne, Chia- oder Leinsamen dazu. Für etwas mehr Volumen sorgen Sojaflocken. Morgens geben Sie einige Esslöffel der Mischung in Ihre Müslischale, streuen noch ein paar Beeren darüber und sparen sich das vor Zucker strotzende Trockenobst. Dann Milch, Quark oder Joghurt dazu – fertig. Selbst Crunchy können Sie im Ofen selber machen, statt Zucker verleiht ihm Kokosöl den Crunch. Probieren Sie auch mal den Granola-Müsli-Mix von Seite 74.

Müslis vor Kohlenhydraten nur so strotzen, versteht sich von selbst.
Doch Müslis gehen auch kohlenhydratarm: mit reichlich Nüssen und Samen, mit Sojaflocken statt Mengen an Getreideflocken. Solche Müslis können Sie auch schon in einigen Varianten kaufen.
Auch Porridge, Frühstücks- und Overnightbowls schmecken lecker in der Low-Carb-Variante. Zum Beispiel als Möhrenjoghurt mit Birne (Rezept Seite 55), als Overnight-Kokos-Chia mit Avocado und Erdbeeren (Seite 56) oder Mandel-Dinkel-Porridge mit Apfel und Brombeeren (Seite 59).

Süße Sünden, pikante Sünden

Kuchen, süßes Gebäck, Eis, Schokolade, Desserts und pikante Knabbereien – geht das denn auch lowcarb? Na klar: Schokolade mit einem Kakaoanteil von 70 Prozent oder mehr ist zum Beispiel eine Nascherei, die in die Low-Carb-Ernährung passt. Hier geraten Sie auch eher selten in die Versuchung, gleich die ganze Tafel zu verputzen.
Eine natürlicherweise kohlenhydratarme Nascherei ist auch griechischer Joghurt, dessen Fett- und Proteingehalt für gute Sättigung sorgt und Gelüste nach Süßigkeiten reduziert. Schmeckt hervorragend mit Beeren.
Relativ kohlenhydratarme fertige Desserts sind Götterspeise oder Wassereis und damit hin und wieder erlaubt. Selbst Schokodesserts können lowcarb sein, das zeigt die Schokoladenmousse mit Avocado (Rezept Seite 144). Und auch Eis lässt sich einfach selbst low-carb-kompatibel herstellen, probieren Sie das Orangen-Joghurt-Eis von Seite 148 auf der Basis von cremigem griechischem Joghurt.
Kuchen kann auch lowcarb sein, wenn man den Zucker durch ein Süßungsmittel wie Erythrit ersetzt und wenig oder gar kein Mehl braucht.
Diese Rezepte zeigen es auf leckerste Weise: der Erdbeer-Cheesecake von Seite 152 und die Möhren-Haselnuss-Muffins, besonders verführerisch mit Limettencreme darauf (Rezept Seite 151).
Als pikante Knabbereien sind pure oder ohne Fett

geröstete Nüsse eine tolle Alternative zu Salzstangen, Grissini und Crackern, die Nüsse können Sie auch ganz einfach selbst im Ofen auf dem Backblech rösten. Bei Chipshunger probieren Sie Gemüsechips aus, die inzwischen in jedem Supermarkt zu bekommen sind. Auch ein hart gekochtes, leicht gesalzenes Ei kann bei Appetit auf Pikantes hervorragend schmecken.

Das süße Nass

Getränke können wegen ihres Kohlenhydratgehalts heimliche Dickmacher sein, mehr dazu auf Seite 17/18. Und das besonders Verheerende dabei ist, dass es sich bei verflüssigten Kohlenhydraten um reinen Zucker handelt, der ungebremst ins Blut übergeht und das Blutzucker-Insulin-System damit extrem strapaziert. Dabei muss auf der Zutatenliste noch nicht einmal »Zucker« stehen, genau dieselbe schädliche Wirkung hat der inzwischen so inflationär verwendete Glukose-Fruktose-Sirup.

Spülen Sie daher niemals Ihre Low-Carb-Mahlzeiten mit reichlich Colagetränken, mit Limonade, Eistee oder Fruchtsaft runter, denn damit machen Sie Ihr Low-Carb-Ziel zunichte.

Machen Sie stattdessen Wasser zu Ihrem Lieblingsdurstlöscher, ganz egal, ob mit oder ohne Kohlensäure. Wenn Ihnen das zu langweilig ist, aromatisieren Sie es mit Ingwer, Zitrusscheiben oder Kräutern, dafür gibt es viele tolle Ideen. Säfte trinken Sie am besten als Schorle, also mit reichlich Wasser verdünnt. Kräutertees und Rooibush-Tees gibt es in unzähligen Varianten, die es zu entdecken lohnt und die heiß und kalt gut schmecken.

Auch gegen Schwarztee und grünen Tee als Durstlöscher spricht nichts, solange Sie diese Sorten mit ihren anregenden Inhaltsstoffen gut vertragen.

Light-Getränke, also solche, die mit kalorienfreien Süßungsmitteln gesüßt sind, können zur Abwechslung erfrischende Durstlöscher sein. Machen Sie sie aber besser nicht zum Gewohnheitsgetränk, weil Ihr Geschmacksempfinden damit schnell auf stark Gesüßtes trainiert würde.

TAG 5 BIS 7: SELBSTTEST

Ab Tag 5 geht es darum, dass Sie bewusst weniger Kohlenhydrate essen, drei Tage lang. Dabei können Sie herausfinden, welche Änderungen Ihnen leichtfallen und wo Sie andererseits noch etwas Zeit zur Umgewöhnung benötigen. Sie können außerdem Erfahrungen mit möglichen Austauschprodukten machen. Viele Hinweise dazu haben Sie auf den vorhergehenden Seiten ja schon bekommen. Es geht jetzt nicht darum, drei perfekte Low-Carb-Tage aufs Parkett zu legen. Machen Sie sich keine Vorwürfe, wenn Sie mal der Heißhunger überkommt und Sie auf Kohlenhydratreiches zurückgreifen. Das ist völlig normal. Gehen Sie spielerisch mit der neuen Situation um, seien Sie neugierig, probieren Sie aus.

Bei allen Mahlzeiten prüfen Sie jetzt, wo sich die Kohlenhydrate verstecken und versuchen, diese entweder wegzulassen oder durch kohlenhydratarme Lebensmittel zu ersetzen. Überlegen Sie also, was Sie frühstücken wollen, was bei Ihnen mittags und abends auf den Tisch kommt, wie Sie sich bei der Arbeit versorgen wollen und wie Sie Ihren zwischendurch knurrenden Magen besänftigen könnten. Blättern Sie zurück in diesem Buch, dort finden Sie viele praktische Hinweise.

Und setzen Sie sich nicht unnötig unter Druck: Sie müssen nicht alle Mahlzeiten am Tag im Low-Carb-Modus essen. Versuchen Sie es einfach so oft wie möglich. Zwingen Sie sich zu nichts und fangen Sie bei Bedarf klein an.

Wie schaffen Sie es durchzuhalten?

Es klingt paradox: Dauerhaft etwas Gutes für sich selbst zu tun kann ganz schön schwierig sein. Sicher kennen Sie das auch aus anderen Situationen: Anfangs sind Sie motiviert, führen Ihr Vorhaben mit den besten Absichten durch, aber im Laufe der Tage oder Wochen lässt der Elan nach. Und irgendwann sind Sie wieder im alten Trott.

Der Grund: Wir sind einfach Gewohnheitstiere.
Wenn wir etwas ändern wollen, müssen wir ran an

automatisiertes, gewohnheitsmäßiges Verhalten. Das ist anstrengend.
Nehmen Sie sich darum für Ihr neues Low-Carb-Leben erst einmal nicht zu viel vor. Das Schöne an dem hier vorgestellten Low-Carb-Konzept ist unter anderem, dass Sie in der Orientierungsphase Low Carb testen, ohne sich zu etwas zu zwingen. Sie werden sehen: Ein paar Tage durchzuhalten fällt Ihnen deutlich leichter als ein Beschluss »ab jetzt für immer«. Mit der hier vorgestellten phasenweisen Methode geht es in sanften Schritten zu Low Carb forever. Das schaffen Sie!

Kleinvieh macht auch Mist

Die großen Mahlzeiten des Tages sind das eine, kleine Schlemmereien zwischendurch das andere. Gerade hier machen wir uns oft nicht so richtig bewusst, wie viele Kohlenhydrate zusammenkommen. Deshalb widmen Sie Ihre Aufmerksamkeit auch den kleinen Knabbereien, Schleckereien und Getränken.

- Kalte Getränke können wir uns ohne den süßen Geschmack kaum vorstellen. Ob Cola, Limonade, Energie Drink, Eistee: Als reine Durstlöscher sollten Sie diese Getränke durch zuckerfreie ablösen. Machen Sie sich klar, dass Sie bei einer täglichen Trinkmenge von eineinhalb bis zwei Litern anderenfalls Unmengen an Zucker zu sich nehmen. Sie müssen dennoch nicht auf pures Wasser umsteigen. Probieren Sie es mit aromatisiertem Wasser. Es gibt inzwischen unzählige Geschmacksrichtungen zu kaufen. Achten Sie im Laden aber darauf, dass das Wasser zuckerfrei ist. Oder Sie machen Ihr Aroma-Wasser selbst: Mit Früchten aromatisiertes Wasser ist zwar nicht so süß wie Limonade, kann aber mit seinem tollen Aroma punkten. Andere Möglichkeit: Sie versetzen gekühlten Früchtetee einfach mit einem Spritzer Zitronensaft.
- Wenn Sie Ihren Kaffee oder Tee mit Zucker lieben, dann reduzieren Sie die Zuckermenge allmählich. Lassen Sie den Zucker nicht sofort ganz weg, denn dann wird Ihnen das Getränk garantiert nicht schmecken. Wenn Sie dagegen täglich etwas weniger nehmen, werden Sie das gar nicht wahrnehmen. So kann es Ihnen gelingen, schon bald ganz auf den Zucker im Heißgetränk zu verzichten, ohne ihn zu vermissen.
- Für Ihre Knabber- und Naschlust finden Sie in diesem Buch Low-Carb-Ideen, denn Süßigkeiten, Brezeln und Gebäck sind nicht Low Carb. Von heute auf morgen auf den kleinen Haps zwischendurch zu verzichten, wird mit Sicherheit nicht funktionieren – und das muss es auch nicht. Sie können ja immer einen Vorrat an Low-Carb-Knabbereien wie Nüsse, Mandeln oder Gemüsechips zur Hand haben. Mehr Tipps gibts auf Seite 37.

Kohlenhydratarme Durstlöscher können bunt und sehr aromatisch sein: Verfeinern Sie Ihr Wasser z. B. mit Kräutern, Gurkenscheiben, Beeren und Zitrusschalen.

IN 66 TAGEN

Auch wenn es Ihr Ziel ist, dauerhaft auf Low Carb umzusteigen, nehmen Sie sich erst mal nur einen gewissen Zeitraum vor, kohlenhydratarm zu essen. In der Verhaltensforschung geht man von einer durchschnittlichen Dauer von 66 Tagen aus, innerhalb derer sich neue Gewohnheiten etablieren. Diese magische Zahl können Sie sich als Ziel setzen: 66 Tage halten Sie Ihre neue Ernährungsform durch, in die Sie jetzt schrittweise einsteigen. Das lässt Sie die Sache vermutlich deutlich entspannter angehen als mit der Perspektive »lebenslänglich«. Nach dieser Zeit werden Sie sehr wahrscheinlich feststellen, dass Low Carb zu einem selbstverständlichen Teil Ihres Lebens geworden ist, und Sie bleiben dabei.

AUS DEN AUGEN, AUS DEM SINN

Machen Sie es sich so schwer wie möglich, für Ihre Hauptmahlzeit doch wieder zu den Kohlenhydratbomben zu greifen. Deshalb verbannen Sie Dinge wie Nudeln, weißen Reis und Ähnliches, was überhaupt nicht mehr auf den Tisch kommen soll, aus der Küche und Ihrem Blick. Am besten verschenken Sie diese Lebensmittel.

Kohlenhydratverzehr hat gleich zwei ungünstige Nebeneffekte: Solange Ihr Körper mit der Speicherung von gerade verzehrten Kohlenhydraten beschäftigt ist, kann er kein vorhandenes Fett verbrennen, selbst, wenn Sie sich gerade körperlich betätigen. Fett aus dem Fettgewebe kann nur bei niedrigen Blutzuckerwerten freigesetzt und in Muskelenergie umgesetzt werden. Erst Kohlenhydratpausen ermöglichen also Fettabbau und damit Gewichtsverlust.

Bis Low Carb eine Selbstverständlichkeit ist, werden etwa 66 Tage vergehen. So lange dauert es ungefähr, bis wir neues Verhalten verinnerlicht haben.

ENDE PHASE 1: WIE GEHT ES IHNEN?

Was haben Sie in Ihrer Orientierungsphase erfahren? Prüfen Sie mithilfe Ihres Tagebuchs einmal gezielt, in welchen Situationen Sie auf Kohlenhydrate nicht verzichten konnten und ob es bestimmte Auslöser gab, die Ihre Lust darauf befeuert haben. Vielleicht war Ihre vorhergehende Mahlzeit einfach zu knapp oder sie war zu kohlenhydratreich, sodass Ihr Insulinspiegel zu weit gestiegen ist, bevor er nur kurze Zeit später tief abgesackt ist. Das ist der Auslöser Nummer 1 für Heißhungerattacken.
Vielleicht hatten Sie auch einfach keine Idee, was Sie Kohlenhydratarmes snacken sollten …
Oder gab es für den großen Kohlenhydrathunger eher psychische Ursachen wie Langeweile, Frust oder Stress? Für Ihre Low-Carb-Zukunft sind das ganz wichtige Erkenntnisse. Denn nur, wenn Sie die Auslöser für »schwache Phasen« kennen, können Sie diese auch umschiffen.

EINMAL TÄGLICH LOW CARB –
die Hauptmahlzeit ersetzen

In Phase 2 starten Sie jetzt den Umstieg mit System: Jetzt essen Sie jeden Tag mindestens eine Low-Carb-Hauptmahlzeit.

In Ihrer Orientierungsphase haben Sie sicher Erfolgserlebnisse gehabt, aber auch ein paar Tücken kennengelernt. Es ist keine Schande, wenn Sie hin und wieder gegessen haben wie früher: wenn die kleine Nudelbeilage doch etwas größer ausgefallen, die Schokolade aus dem geheimen Vorrat um einige Riegel geschrumpft ist oder Sie dem Duft frisch gebackener Zimtschnecken auf dem Weg zur Arbeit verfallen sind. Der Mensch ist ein Gewohnheitstier, auch wenn es um Wohfühlessen geht. Die gute Nachricht: Gewohnheiten lassen sich ändern.

ESSVERHALTEN NACH UND NACH ÄNDERN

Das eigene Essverhalten lässt sich nicht mal eben umkrempeln. Schließlich wurde der Grundstein dafür schon in frühester Kindheit gelegt. Vorlieben und Abneigungen wurden schon lange vor dem Erwachsenenalter geprägt. Damit funktioniert Essverhalten vor allem unbewusst.

Dazu kommt, dass Ihr Körper an ein gewisses Kohlenhydratlevel gewöhnt ist, wenn Sie ihn bisher mit reichlich Kohlenhydraten, vor allem mit Zucker verwöhnt haben. Nehmen Sie ihm diesen Zucker weg, verlangt er umso mehr danach. So kreisen Ihre Gedanken dann mehr und mehr um Süßes und Kohlenhydrathaltiges wie Kekse, Gebäck, Pasta.

Sie sind auf Entzug und müssen runterkommen, genaugenommen muss das Insulin runterkommen, das diesen starken Kohlenhydrathunger verursacht. Und bis das geschehen ist, ist es es zum Großteil eine Kopfsache, dem Umwohlsein mit Low-Carb-Strategien entgegenzuwirken.

Alte Gewohnheiten durch neue ersetzen

Gewohnheiten haben genau deshalb so viel Macht über uns, weil sie eben nicht durch den Verstand gesteuert sind. Feste Gewohnheiten zu haben ist ja

Lassen Sie kohlenhydratarm zur neuen guten Gewohnheit werden und führen Sie eine Low-Carb-Hauptmahlzeit pro Tag ein.

HERZENS-KOHLENHYDRATE BEWAHREN

Die zart schmelzende Schokolade, die noch ofenwarme Brezel, das zarte Butterhörnchen, die würzig-knusprigen Chips – wohl jeder hat seine High-Carb-Favoriten. Sich von ihnen zu trennen, erscheint absolut unmöglich. Doch daran soll Ihr neues Low-Carb-Leben nicht scheitern. Low Carb ist keine Strafe. Die »Kohlenhydrate Ihres Herzens« gönnen Sie sich ab jetzt in Ausnahmefällen und in nicht zu großen Portionen. Wenn Sie nicht gleich die ganze Tafel Schokolade verschlingen, sondern nur eine Rippe Stück für Stück genüsslich im Mund zergehen lassen, wirft das nicht Ihre ganze Low-Carb-Ernährung über den Haufen. Auch eine Brezel wird Sie nicht aus der Bahn schleudern. Gönnen Sie sich hin und wieder, auf was Sie nicht verzichten möchten, aber verkneifen Sie es sich in den darauffolgenden Tagen, damit es etwas Besonderes bleibt. Behalten Sie dabei Ihr Low-Carb-Ziel im Blick.

auch gut, sie machen Ihnen das Leben so viel leichter. Wenn eine Tätigkeit zur Gewohnheit geworden ist, dann spulen Sie sie selbstverständlich ab, ohne noch darüber nachdenken zu müssen. Wie beim Autofahren: Sie schalten, lenken, bremsen und geben Gas, das alles geht ganz automatisch. Es fällt Ihnen daher nicht schwer, gleichzeitig ein Liedchen aus dem Radio mitzuträllern und dabei noch auf den Verkehr zu achten. Jetzt stellen Sie sich mal vor, Sie müssten jedes Mal von Neuem darüber nachdenken, wie Sie beschleunigen, wie Sie das Auto langsamer werden lassen und was Sie machen müssen, um die Kurve zu kriegen. Sie kämen ganz schon ins Trudeln, könnten sich auf den Verkehr nur schlecht konzentrieren und kämen sicher nicht rechtzeitig am Ziel an.

Mit dem Essen ist es nicht viel anders. Sie sind es gewohnt, Ihr Müsli zu frühstücken, Ihr Brot und Ihre Nudeln zu genießen und beim Bäcker ein Teilchen zum Nachmittagskaffee mitzunehmen. Bei all diesen Dingen läuft Ihr Gehirn auf Autopilot, Sie müssen Ihre tägliche Versorgung nicht von morgens bis abends von Grund auf planen, und Sie müssen sich nicht an neue Geschmäcker gewöhnen.

Doch wenn die gewohnten Lebensmittel plötzlich wegfallen, fehlt Ihnen etwas. Und zwar längst nicht nur Ihr Lieblingsessen, sondern auch die Gewohnheit, die Ihnen Denkarbeit erspart. Sie müssen umdenken und neu planen. Ihr Gehirn muss auf einmal in eine neue Richtung denken, und Ihr Tagesablauf gerät aus dem Takt.

Aber: Sie werden nicht mit diesen Gewohnheiten geboren, sondern lernen sie im Laufe Ihres Lebens. Und was man lernen kann, das kann man auch bewusst wieder verlernen. Die alten Gewohnheiten ersetzt man durch neue, die im Laufe der Zeit in Fleisch und Blut übergehen. Nicht von jetzt auf gleich und auch nicht übergangslos. Es geht Schritt für Schritt und braucht seine Zeit.

Alte Vorräte durch neue ersetzen

Schon in Phase 1 haben Sie Ihre Schränke von all den Lebensmitteln mehr oder weniger befreit, die nicht Low Carb sind – oder haben Sie sich gedacht »man weiß ja nie ...« und sich doch nicht von Nudeln, Weißmehl und Co. getrennt? Vielleicht waren Sie sich doch nicht so ganz sicher, ob Sie Low Carb durchziehen wollen. Trotzdem sollten Sie nun alles wegräumen, was nicht Low Carb ist, um die Versuchung nicht herauszufordern.

LOW-CARB-PRAXIS

Bestens ausgestattet: Ihre Low-Carb-Einkaufsliste

Wenn Sie die Schränke von Kohlenhydratreichem entrümpelt haben, ist jede Menge Platz für Low-Carb-Zutaten – es steht ein Großeinkauf an! Füllen Sie Vorratsschränke und Kühlschrank auf Low-Carb-Art , dann sind Sie gut gerüstet für den straff getakteten Alltag. Und gleichzeitig sind Sie vorbereitet auf schwache Stunden, in denen Sie ohne Ihre vielfältigen neu sortierten Vorräte leicht low-carb-abtrünnig werden könnten.
Die hier aufgeführten Zutaten sollten Sie zum Zubereiten von Low-Carb-Rezepten im Vorrat haben. Frische Zutaten kaufen Sie kurzfristig nach Bedarf. Und selbst, wenn Sie mal kein frisches Obst, Gemüse, Fleisch oder Fisch im Haus haben, haben Sie mit Ihrem Low-Carb-Vorrat genug Möglichkeiten, aus der vorhandenen Auswahl etwas Leckeres zuzubereiten. Das Tolle: Wenn Sie aus dem Vollen schöpfen können, sorgt das für Abwechslung beim Kochen, beflügelt Ihre Fantasie und beugt dem Anruf beim Pizzabringdienst vor.

INFO

IHR TIP-TOP-LOW-CARB-VORRAT

Spätestens bei der Durchsicht dieser Liste entdecken Sie, wie bunt und vielfältig die Low-Carb-Welt ist. Mit einem gut bestückten Kühlschrank und mit wohlgefüllten Vorratsschränken macht das Kochen auf Low-Carb-Art mehr Spaß und hält Ihnen alle Möglichkeiten offen. Hier sehen Sie, was Ihr Vorrat beinhalten könnte und welche frischen Lebensmittel sich eignen. Natürlich müssen Sie sich nicht alle aufgeführten Lebensmittel zulegen, sondern nur die, die Sie auch mögen.

FRISCHE LEBENSMITTEL NACH BEDARF:

- **Gemüse/Salate:** alle Kohlsorten, Artischocken, Auberginen, Avocados, Frühlingszwiebeln, Gurken, Kohlrabi, Lauch, Mangold, Oliven, Paprika, Pilze, Radieschen, Rettich, Sellerie, Spargel, Spinat, Tomaten

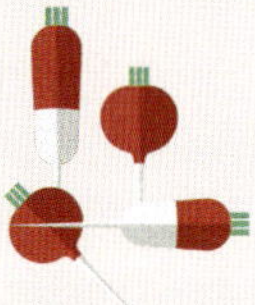

- **Obst:** Äpfel, Aprikosen, Pflaumen, Beeren, Kiwis, Avocados, Papayas
- **frische Kräuter**
- **Fleisch/Fleischprodukte:** Geflügel, Rind, Schwein, Wild, Innereien, Frischwurst
- **Fisch/Meeresfrüchte:** Aal, Hering, Lachs, Makrele, Garnelen, Krabben, Muscheln

HALTBARES

- **Nüsse und Samen:** Haselnüsse, Walnüsse, Mandeln, Kokosraspel/Kokoschips, Nuss- und Mandelmus, Chia- u. Leinsamen, Kürbis- und Sonnenblumenkerne, Sesam, Pistazien
- **Öle:** Olivenöl (gerne nativ) und Rapsöl (beide u. a. zum Braten), Kokosöl, Walnussöl

- **Bindemittel:** Flohsamenschalen, Johannisbrotkernmehl oder Pfeilwurzelmehl
- **Nudeln, Flocken, »Mehl«:** Low-Carb-Nudeln, kernige Dinkelflocken, kernige Haferflocken, Vollkornsemmelbrösel, Mandelmehl

- **Süßes:** Erythrit (als Zuckerersatz), dunkle Schokolade (mind. 70% Kakaogehalt), Kakao-Nibs

- **Kokosmilch:** ungesüßt, aus Dose oder Tetrapak
- **Hülsenfrüchte:** Linsen, Kichererbsen, rote und weiße Bohnen (getrocknet und in Dosen)
- **Pflanzendrinks:** ungesüßte Mandel-, Hafer-, Kokos-, Sojadrink
- **Konserven, Trockenware:** sauer Eingelegtes, Oliven, Thunfisch, Sardinen, getrocknete Pilze, Salami, Dörrfleisch, Tomaten, Tomatenmark
- **Zitrusfrüchte:** Zitronen, Limetten, Grapefruit, Orangen, Mandarinen (je nach Saison)

- **Gewürze:** Zwiebeln, Knoblauch, Ingwer
- **Low-Carb-Brot:** abgepacktes Proteinbrot, Vollkorn-Knäckebrot

(TIEF-) GEKÜHLTES

- **Eier**
- **Milch und Milchprodukte bzw. Milchersatz:** Milch bzw. Nuss-/Getreidedrink, Sahne, Crème fraîche bzw. Sojacreme, Sahnejoghurt, Butter

- **Käse:** körniger Frischkäse (Hüttenkäse), Frischkäse (Doppel- und Halbfettstufe), Ziegenfrischkäse, Feta, Mozzarella, Hartkäse wie Grana padano oder Parmesan, Halloumi bzw. Grillkäse

- **Tofu:** natur und geräuchert
- **Fisch:** Matjesfilets, Räucherlachs, TK-Thunfischsteak, TK-Lachs, TK-Garnelen

- **Fleisch:** luftgetrockneter Schinken, Frühstücksspeck/Bacon, TK-Ware
- **Obst und Gemüse:** TK-Ware
- **Eiweißbrot** in Scheiben

WIE SIE IHR ZIEL ERREICHEN

Nehmen Sie sich ausreichend Zeit, um sich Ihre neue Gewohnheit anzueignen, eine Low-Carb-Hauptmahlzeit am Tag zu essen. Seien Sie nett zu sich selbst und nachsichtig mit sich, denn Zwang und Druck führen nicht zu langfristigen Erfolgen. Vor allem müssen Sie sich selbst von Ihrem Vorhaben überzeugen. Schauen Sie also statt auf die Kohlenhydrate, die Sie nicht mehr essen sollen, auf die neue Low-Carb-Ernährungsweise mit ihrer bunten Vielfalt an nährstoffreichem Gemüse und Salat, lenken Sie Ihren Blick auf Fisch und Fleisch mit wertvollem Eiweiß, auf gesunde Nüsse, Samen und Pflanzenöle.
Überlegen Sie, warum Sie auf Low Carb umsteigen wollen. Sagen Sie sich das am besten so: »Ich will Kohlenhydrate reduzieren, weil …«. Formulieren Sie den oder die Gründe so konkret wie möglich. Dieses »weil« ergänzen Sie mit Ihren individuellen Zielen, die Sie so konkret wie möglich formulieren. Also nicht »Ich möchte abnehmen«, sondern beispielsweise »weil ich fünf Kilo abnehmen möchte, und zwar innerhalb von drei Monaten«.

EINSTIEG MIT SYSTEM

Ihrem neuen Low-Carb-Leben nähern Sie sich ganz behutsam, Schritt für Schritt. Deshalb ersetzen Sie jetzt, in Phase 2, zunächst nur die tägliche Hauptmahlzeit durch ein Low-Carb-Gericht aus diesem Buch. Je nachdem, wann Sie gewöhnlich Ihre Hauptmahlzeit essen, entscheiden Sie sich für das Mittag- oder das Abendessen. Rezepte für jeden Geschmack, für den großen oder kleineren Hunger finden Sie ab Seite 78. Wenn Sie sich in der Orientierungswoche noch nicht daran gewöhnt haben, Frühstück und eine weitere Mahlzeit neben der Hauptmahlzeit Low Carb zu essen, müssen Sie das auch jetzt nicht tun.
Wie lange Sie in Phase 2 bleiben, ist ganz Ihnen überlassen. Als Richtwert sind zwei bis drei Wochen angemessen. Wenn Sie in dieser Zeit Lust haben, auch schon eine weitere Mahlzeit durch ein Low-Carb-Gericht zu ersetzen, spricht selbstverständlich nichts dagegen. Bedienen Sie sich nach Lust und Laune aus dem Rezepten in diesem Buch.
Suchen Sie sich für eine ganze Woche die Rezepte aus, die Sie ausprobieren möchten, dann schreiben Sie eine Einkaufsliste für die ganze Woche und füllen Ihren Wochenvorrat auf. Legen Sie sich jetzt auch einen richtig schönen Basis-Vorrat an Low-Carb-Lebensmitteln an. Halten Sie sich dabei am besten an die Liste auf Seite 33. Und freuen Sie sich darüber, was Ihre Low-Carb-Zukunft in Ihren Schränken für Sie bereithalten wird!
In der Orientierungswoche haben Sie bestimmt schon leckere Neuentdeckungen gemacht. Probieren Sie aber weiterhin möglichst viele verschiedene Low-Carb-Rezepte aus, so lernen Sie schnell eine große Auswahl kennen, und da ist bestimmt das eine oder andere neue Lieblingsgericht dabei.

Heißhunger ade

Vielleicht haben Sie es schon bemerkt: Wenn Sie weniger Kohlenhydrate essen, werden Sie nicht mehr so häufig von Heißhungerattacken überfallen. Denn Heißhunger kommt immer dann, wenn im Blut kreisendes Insulin die sofortige Nahrungs-

Reichlich Gemüse liefert dem Magen Volumen und sättigt gut, vor allem wenn es mit guten Ölen zubereitet ist.

zufuhr, und zwar Zuckerbausteine, einfordert.
Da Sie mit weniger Kohlenhydraten im Essen auch weniger Insulin auf den Plan rufen, beruhigt sich Ihr Stoffwechsel: Sie werden zwar weiterhin Hunger bekommen, wenn Ihr Körper Nahrung braucht. Aber nicht mehr diesen Heißhunger, der Ihren Verstand aussetzen und Ihre Knie schlottern lässt, wenn Sie jetzt nicht sofort und auf der Stelle eine ganze Tafel Schokolade bekommen. Freuen Sie sich also darauf, nach Ihrer Low-Carb-Mahlzeit lange wohlig satt zu sein.

Satt durch Volumen

Das Sättigungssignal entsteht unter anderem durch die Ausdehnung der Magenwand, die dortigen Rezeptoren melden dem Gehirn dann die Information »voll«, das Gehirn übersetzt: »satt«. Deshalb machen uns auch kalorienarme Nahrungsmittel dann satt, wenn sie ein großes Volumen haben. Wir hören also auf zu essen, bevor wir unser Kalorienkonto überbelastet haben.
Zu den nährstoffarmen – und gleichzeitig auch kohlenhydratarmen – voluminösen Lebensmitteln gehören die meisten Gemüsearten und Salate. Die ganze Vielfalt an Blattsalaten, Rohkost aller Art und auch gegartes Gemüse wie Zucchini, Lauch, alle Kohlsorten, Pilze, um nur einige zu nennen, dürfen häufig und reichhaltig auf den Teller – sie sind von Natur aus low carb!

Satt durch Eiweiß

Wenn sich der Hunger meldet, schwebt vor unserem inneren Auge meist ein wohlgefüllter Teller Pasta, ein großes Stück Pizza, ein belegtes Riesen-Brötchen oder eine Tafel Schokolade. Der Grund, warum Kopf und Magen ausgerechnet nach – besonders schnellen – Kohlenhydraten verlangen, ist, dass diese schnell sättigen und im Nu als Energie zur Verfügung stehen, genauer gesagt als Muskelenergie. Zu Zeiten, in denen noch hart gearbeitet werden musste – im Beruf und auch im Haushalt –, kam unser Körper damit sehr gut zurecht.
Für lang anhaltende Sättigung sorgen nicht Kohlenhydrate, sondern Protein. Nach einer Low-Carb-Mahlzeit, bei der idealerweise 20 bis 30 Prozent der Energie aus Eiweiß stammen sollte, hält das Sättigungsgefühl sehr viel länger an als nach einer kohlenhydratreichen. Sie müssen also nicht kurze Zeit nach Ihrer Mahlzeit schon wieder nachlegen.

Fett nicht vergessen

Die Kalorien, die Sie durch das Weglassen einer gewissen Menge an Kohlenhydraten einsparen, gleichen Sie bei der Low-Carb-Ernährung ganz

EIWEISS KANN DEN STOFFWECHSEL PUSHEN

Eiweißreiches Essen hat noch viele weitere Vorteile: Eiweiß baut Körpersubstanz auf, unter anderem Ihre Muskulatur. Und Muskeln sind im Gegensatz zu Fettgewebe stoffwechselaktiv! Das heißt, je mehr Muskelmasse Sie besitzen, desto mehr Energie muss Ihr Körper schon alleine für die Versorgung der Muskelzellen im Ruhezustand aufbringen. Es bedeutet, ein muskulöser Körper verbraucht mehr Nahrungsenergie als ein untrainierter und erklärt, warum trainierte Menschen auch während tagelanger Trainingspausen viel essen können, ohne dass Fettpölsterchen wachsen.
Und noch ein Vorteil: Für die Verdauung von Eiweiß muss unser Stoffwechsel erst einmal Energie investieren, und zwar sehr viel mehr als für Kohlenhydrate oder Fett. Sie verbrennen also allein durch die Verdauung von Eiweiß schon Kalorien.

oder teilweise durch Eiweiß und Fett aus. Denn Low Carb bedeutet nicht automatisch Low Kalorien. Der schlankmachende Effekt einer Low-Carb-Ernährung entsteht bereits allein durch das Einsparen von Kohlenhydraten.
Low-Carb-Mahlzeiten sollten deshalb ausreichend Fett enthalten. Denn Nahrungsfett liefert uns mehr als nur lebensnotwendige Energie. Es ist Träger wichtiger Vitamine und spielt eine zentrale Rolle in vielen Stoffwechselvorgängen.
Doch welche Art von Fett soll es sein? – Am besten enthalten Ihre Mahlzeiten von allen natürlichen Fetten immer wieder etwas: Verwenden Sie also Butter und Butterschmalz, Rapsöl, Olivenöl und – für die kalte Küche – Nussöle. Nutzen Sie Nüsse und Samen auch als Zutat. Kokosöl eignet sich für sehr heißes Garen. Und greifen Sie bei Fleisch und Geflügel nicht immer zu den magersten Stücken. Fettere sind außerdem besonders geschmackvoll.

Damit der kleine Hunger zwischendurch nicht zur Kohlenhydratfalle wird: Gemüsechips, Nüsse und Käsetaler.

Avocados und Oliven ergänzen die kalte Küche, Knusprig gebratener Bacon ist ein würziger Begleiter in vielen Gerichten, fettreiche Fische wie Lachs, Hering, Makrele und Sardine liefern die besonders wertvollen Omega-3-Fettsäuren.

SO FÄLLT DIE UMSTELLUNG BESONDERS LEICHT

Zu Anfang der Umstellung auf Low Carb werden Sie vielleicht manchmal Heißhunger verspüren, und zwar insbesondere Gelüste auf Kohlenhydrate. Das ist ganz normal, schließlich hat sich Ihr Körper in dieser kurzen Zeit noch nicht an diese neue Art der Ernährung gewöhnt. Weitere »Symptome« müssen Sie bei einer moderaten Low-Carb-Ernährung aber nicht befürchten. Sie streichen die Kohlenhydrate ja nicht komplett vom Speiseplan, sondern behalten einen ungefähren Kohlenhydratinput von 100 Gramm pro Tag bei. Dadurch gibt es keine drastische Stoffwechselumstellung. Der Körper kann sich weiterhin gut von den Kohlenhydraten ernähren, die er über die Nahrung bekommt. Gleichzeitig wird aber der Blutzuckerspiegel stabil auf einem relativ niedrigen Niveau gehalten und damit der Fettabbau erleichtert.
Sollten Sie sich dennoch in der Umstellungsphase etwas unwohl fühlen – in etwa so, als ob eine Erkältung im Anmarsch wäre –, haben Sie keine Sorge: Nach wenigen Tagen ist der Stoffwechsel auf Low Carb eingestellt, und Sie fühlen sich dann vermutlich besser als zuvor.

Low-Carb-Snack-Ideen gegen Heißhunger

Wütender, erbarmungsloser Heißhunger gehört rasch der Vergangenheit an, sobald Sie Ihren neuen Low-Carb-Essensstil Tag für Tag leben. Doch gerade in der Umstellungsphase, wenn Körper – und auch der Kopf – noch auf große Kohlenhydratmengen eingestellt sind, können Sie von Heißhungerattacken regelrecht überfallen werden. Diese können Sie nicht ignorieren, weil Sie sonst in den äußerst unangenehmen Zustand des Unterzuckers fallen, mit Schwächegefühl bis hin zu Schwindel, Zittern, eventuell Übelkeit. Natürlich sollten Sie jetzt nicht zu etwas Zuckerhaltigem greifen. Sie kommen aber auch mit eiweißreichen Snacks rasch wieder in Balance.

Hier ein paar Ideen:

- gekochte Eier
- Beef jerky, Salamipralinen
- Nüsse und Samen aller Art von Pekannüssen über Erdnüsse bis hin zu Sonnenblumen- und Kürbiskernen
- geröstete Mandeln oder selbst gemachte Currymandeln (nach dem Rezept für Curry-Honig-Nüsse von Seite 141)
- Thunfisch aus der Dose, nach Belieben auf Rohkost oder Blattsalat
- Nuss-Schoko-Crossies (Rezept Seite 143)
- Gemüsechips mit Quarkdip oder Sour Cream (alles fertig gekauft)
- Rohkost wie Staudensellerie, Paprika, Gurke, Minimöhren mit Tsatsiki
- Gewürz-Käsecracker (Rezept Seite 140)
- Apfelstückchen mit einem Klecks Erdnussbutter oder Sesammus

Das Zuckertief wegspazieren

Und nicht zuletzt gibt es die Möglichkeit, dass Sie Ihre Heißhungerattacke auch ganz ohne Essen überwinden, indem Sie sich bewegen. Probieren Sie das einmal aus: Trinken Sie einige Schluck Wasser, Tee oder Schorle und machen Sie einen kurzen strammen Spaziergang, damit können Sie das Heißhungertief austricksen.

BEWEGUNG ALS LOW-CARB-PARTNER

Regelmäßige Bewegung ist die ideale Ergänzung zu Ihrem neuen Low-Carb-Essensstil. Bewegung hält unseren Stoffwechsel in Schwung, verhindert, dass der Körper vor Untätigkeit in den Sparmodus geht und jegliches Essen schnell ansetzt. Im Idealfall hilft regelmäßige Bewegung uns sogar ein paar Speckpfunde abzunehmen. In jedem Fall aber wirkt körperliche Aktivität erwiesenermaßen stimmungsaufhellend.

Für welchen Sport Sie sich entscheiden, ist Typsache. Vielleicht macht Ihnen Laufen, Radfahren oder Schwimmen Spaß. Teamsportarten wie Volleyball oder Fußball stärken zusätzlich das Gemeinschaftsgefühl. Wer mit einem Partner Sport treibt, etwa beim Rudern, Klettern, auf dem Tandem, schult gleichzeitig seine Empathie. Es muss aber gar nicht furchtbar schweißtreibend zugehen. Auch ein regelmäßiger zügiger Spaziergang bringt Sie in Schwung und hält Ihren Stoffwechsel am Laufen.

Am einfachsten ist es, Sie bauen die Bewegung in Ihren Low-Carb-Alltag ein, gehen viel zu Fuß, nehmen öfter mal das Fahrrad und steigen Treppen. Vertreten Sie sich in der Mittagspause kurz die Beine, bevor Sie wieder an den Schreibtisch zurückkehren. Spielen Sie mit Ihren (Enkel-)Kindern mit auf der Wiese, wann immer es möglich ist …

ENDE PHASE 2: WIE GEHT ES IHNEN?

Führen Sie auch jetzt weiterhin Ihr Tagebuch. Notieren Sie für jeden Tag, für welches Rezept Sie sich entschieden haben und wie es Ihnen damit gegangen ist. Hat es Ihnen geschmeckt? Wie ging es Ihnen direkt nach der Mahlzeit? Fehlte Ihnen etwas, wie satt fühlten Sie sich und wie lange hielt die Sättigung an?

Wenn Sie schon bereit sind für Low Carb rund um die Uhr, dann können Sie nun zu Phase 3 übergehen. Wenn Sie aber das Gefühl haben, dass Sie noch etwas Zeit brauchen, dann bleiben Sie noch eine Weile bei Stufe zwei und essen nur weiterhin eine Low-Carb-Hauptmahlzeit. Vielleicht probieren Sie aber schon mal bei Ihren anderen Mahlzeiten hin und wieder ein Low-Carb-Rezept aus.

LOW CARB AROUND THE CLOCK –
in Vollzeit nach Plan

Jetzt gehen Sie einen Schritt weiter: Nachdem Sie sich nun in Low Carb schon fast wie zu Hause fühlen, gibt es in Phase 3 nur noch kohlenhydratarme Mahlzeiten: Sie drehen nun auch beim Frühstück, bei allen kalten Mahlzeiten und Snacks an der Kohlenhydratschraube.

In den nächsten ein bis drei Wochen essen Sie Low Carb von morgens bis abends nach Plan. Frühstück, Mittagessen, Abendessen, Zwischenmahlzeiten, Snacks – alles wird Low Carb. Damit sagen Sie unangenehmen Blutzuckerspitzen und den darauf folgenden Unterzucker-Heißhungerattacken endgültig ade.

Wie lange Sie sich an den Wochenplänen, die Sie ab Seite 41 finden, orientieren wollen, bleibt Ihnen überlassen. Manche haben gerne längere Zeit die Sicherheit durch feste Vorgaben, andere möchten recht schnell in eigener Regie vorgehen.

Probieren Sie sich in den nächsten Wochen entweder durch alle Wochenpläne durch oder wählen Sie aus, welche Ihnen am meisten zusagen. Sie müssen sich nicht stoisch an die Pläne halten. Würfeln Sie nach Lust und Laune zusammen, was Ihnen gefällt – Hauptsache, Sie überschreiten das tägliche Kohlenhydratlimit von 100 kcal nicht.Versuchen Sie, mindestens eine ganze Woche lang einem der Pläne zu folgen, um ein Gefühl für die Möglichkeiten zu bekommen, die Low Carb bietet.

MASSGESCHNEIDERTE WOCHENPLÄNE

Drei thematische Wochenpläne haben wir für Sie zusammengestellt. Allen drei gemeinsam ist, dass Sie pro Tag jeweils nicht mehr als 100 Gramm Kohlenhydrate essen und ausreichend Eiweiß und Fett zu sich nehmen.

Für Traditionsbewusste

Über beliebte Klassiker auf Low-Carb-Art werden Sie sich bestimmt freuen, denn es fällt ja bekanntlich besonders schwer, sich von Altbewährtem zu trennen. Müssen Sie auch gar nicht! Morgens gibt es weiterhin Müsli oder Brötchen, bei der Hauptmahlzeit kommt von Bolognese über Rösti und Gulaschsuppe bis zur Schokoladenmousse vieles Bekannte in Low-Carb-Variation auf den Tisch, und bei kalten und kleinen Gerichten lassen Nudelsalat und Pancakes auch nichts zu wünschen übrig.

Sich ein Low-Carb-Frühstück vorzustellen fällt vielen besonders schwer, denn hier sind die Kohlenhydrate fast immer reichlich vorhanden, ob Sie nun

Brot, Brötchen oder Müsli frühstücken. Auch hier ist die Umstellung natürlich am leichtesten, wenn Sie so wenig wie möglich an Ihren Routinen ändern müssen. Sind Sie also beispielsweise Brotfrühstücker, dann probieren Sie Low-Carb-Brot mit Low-Carb-Konfitüren und Veggi-Aufstrichen, bevor Sie sich an ungewöhnlichere Frühstücksvarianten wagen. Testen Sie gekauftes Low-Carb-Müsli, das gibts im Drogeriemarkt und inzwischen auch in vielen Supermärkten.

Für Zeitoptimierer

Wenn Sie einen sehr eng getakteten Alltag haben, dann kommt Ihnen der Wochenplan für besonders schnelle und einfache Gerichte bestimmt entgegen. Morgens ein Quark oder ein schnell gemixter Smoothie – und ab in den Tag. Tagsüber freuen Sie sich dann über fix zu Hause vorbereitetes Blitz-Carpaccio oder eine kalte Frittata. Und das abendliche Kochen ist flugs erledigt: Lassen Sie sich unser buntes Ofengemüse, die Fischpäckchen oder einen Asia-Wok schmecken.

Für Veggies

Auch für Vegetarier gibt es eine Vielfalt an Low-Carb-Rezepten. Morgens wählen Sie aus Müslis, Bowls und Smoothies, bei den warmen Mahlzeiten sind von Ratatouille über gefüllte Paprika bis hin zum Curry bestimmt alle Geschmäcker zufrieden, und die dritte Mahlzeit bietet mit Taboulé, gebackenem Ziegenkäse und Gemüsemuffins immer wieder verlockendes Neues.

UMGANG MIT DEN PLÄNEN

Die Wochenpläne sollen Ihnen den Einstieg in Low-Carb in Vollzeit erleichtern. Denn wenn Sie sich an einen Plan halten, müssen Sie sich nicht täglich von Neuem wieder Gedanken machen, was Sie den ganzen Tag über so essen könnten, Sie ernähren sich auf jeden Fall ausgewogen und bleiben im Low-Carb-Limit.

Auch wenn das so nicht im Plan steht: Ein Low-Carb-Lieblingsgericht können Sie sich ruhig öfter schmecken lassen.

Ein Leitfaden, aber trotzdem flexibel

Was für manche eine Erleichterung bedeutet und ihnen den Kopf für andere Dinge freihält, bedeutet für andere eine Einschränkung. Wenn Ihnen die vorgefertigten Tagespläne ein zu enges Korsett sind, dann gehen Sie mit den Wochentabellen ganz locker um. Haben Sie also am Montag auf die Gerichte von Donnerstag Lust, dann bereiten Sie sich eben diese zu. Und wenn Sie das Müsli vom Mittwoch so lecker fanden, dass Sie es am nächsten Tag oder auch die ganze Woche essen könnten, dann tun Sie das. Sehen Sie die Pläne einfach nur als Orientierung.
Selbstverständlich können Sie auch schon jetzt ganz frei aus den Rezepten in diesem Buch auswählen, was Ihnen gefällt. Behalten Sie dabei aber im Blick, dass die Gesamtkohlenhydratmenge etwa 100 Gramm am Tag nicht überschreiten sollte. Das ist ganz einfach, da die Nährwerte bei jedem Rezept ausgewiesen sind.
Es kann auch gut sein, dass Ihnen die Abstände zwischen den einzelnen Hauptmahlzeiten (zunächst noch) zu lang sind. Dann gönnen Sie sich zwischendurch einen Low-Carb-Snack. Einige Vorschläge finden Sie auf Seite 37.

Für Frühstücksmuffel

Falls Ihr Magen kein Frühaufsteher ist und Sie morgens außer Kaffee sowieso nichts runterbekommen, dann ignorieren Sie die Frühstücksrezepte trotzdem nicht! Denn wenn Sie ohne Frühstück aus dem Haus laufen, tappen Sie mit größter Wahrscheinlichkeit kurz darauf in eine besonders gefährliche Kohlenhydratfalle. Dann springen Sie auf dem Weg zur Arbeit kurz beim Bäcker rein, um sich noch unterwegs oder spätestens am Arbeitsplatz mit Kohlenhydraten vollzustopfen.
Diesem Impuls können Sie auch als Nicht-Frühstücker bestens vorbeugen, indem Sie sich ein Low-Carb-Brot für den Weg schmieren bzw. ein Low-Carb-Müsli oder eine andere Low-Carb-Leckerei für den Vormittag einpacken. Dem Bäcker winken Sie dann auf dem Arbeitsweg gut gelaunt aus der Ferne zu.

Für Mitesser

Vielleicht haben Sie sich für Low Carb entschieden, konnten Ihren Partner oder Ihre Familie aber nicht so recht davon überzeugen. Oder aber Sie wollen Ihren körperlich so aktiven Kindern, die naturgegebenerweise wahre Kohlenhydrat-Verbrennungsmaschinen sind, ihren Treibstoff nicht vorenthalten. Es ist nicht schwer, Ihre Lieben weiterhin mit reichlich Kohlenhydraten glücklich zu machen, während Sie selbst kohlenhydratarm leben. Für die Carb-Esser gibt es zu den Gemüse-, Fleisch und Fischportionen einfach weiterhin die gewohnte Portion Kartoffeln, Reis, Nudeln oder Klöße dazu.
Zum Sellerieschnitzel mit Pilzragout, das Rezept finden Sie auf Seite 115, oder zum Gemüse-Lachs-Päckchen (Seite 130) servieren Sie dann beispielsweise noch Reis, aus der Gemüse-Bolognese mit Pasta von Seite 120 können Sie natürlich auch Pasta mit Gemüse-Bolognese machen, indem Sie einfach eine größere Menge Nudeln servieren. Und zum Puten-Szegediner-Gulasch (Seite 126) gibt es statt Wurzelpüree vielleicht Kartoffeln, Gnocchi oder Spätzle.
Wenn Sie Aufläufe zubereiten, können Sie den Platz in der Auflaufform zweiteilen: Ein Eck ohne kohlenhydratreiche Zutaten ist für Ihre Low-Carb-Portion reserviert, der Rest des Auflaufs kommt mit Nudeln, Kartoffeln, Reis etc. geschichtet in den Ofen.
Und bei Brotmahlzeiten stellen Sie natürlich einfach statt Low-Carb-Brot zusätzlich noch normales Brot mit auf den Tisch.

ENDE PHASE 3: WIE GEHT ES IHNEN?

Wenn Sie bisher nach diesem Buch vorgegangen sind, dann leben Sie nun schon – inklusive der Orientierungsphase – einige Wochen mehr oder weniger Low-Carb. Jetzt ist es mal wieder Zeit, Bilanz zu ziehen.
Beobachten Sie, wie Sie sich fühlen, ob manche Gelüste nach Kohlenhydraten der Lust auf leckere kohlenhydratarme Gerichte Platz gemacht haben. Blättern Sie in Ihrem Tagebuch und vergleichen Sie die Anfangswochen mit dem derzeitigen Stand. Wahrscheinlich stellen Sie bei diesem Vergleich fest, dass Low Carb für Sie immer selbstverständlicher wird.
Und wie reagiert Ihre Waage auf Ihre neue Ernährungsweise – zeigt sie mittlerweile etwas weniger an als zu Beginn Ihrer Ernährungsumstellung auf Low Carb? Es ist nun gut möglich, dass Sie gerade an Ihren Problemzonen erfreuliche Beobachtungen machen. Mit dieser Motivation können Sie bestens gelaunt in Phase 4 starten.

WOCHENPLAN_BELIEBTE KLASSIKER

	MORGENS	MITTAGS	ABENDS
MO	2 Scheiben Mandel-Nuss-Brot **mit** Butter **und** 2 Port. Erdbeer-Rhabarber-Konfitüre S. 72, 65 (6 + 2 g KH)	Gemüse-Bolognese mit Pasta S. 120 (42 g KH)	 Nizzasalat mit Thunfisch S. 100 (20 g KH)
DI	2 Scheiben Mandel-Nuss-Brot **mit** 2 Port. Apfel-Schoko-Creme S. 72, 64 (4 + 10 g KH)	Hühnersuppe mit Amaranth-Flädle **und** Schokoladen-mousse mit Avocado S. 110, 144 (25 + 11 g KH)	 Linsen-Schichtsalat S. 84 (23 g KH)
MI	Granola-Müsli **mit** 125 g Joghurt **und** 125 g Beeren  S. 74 (12 + 7 + 6 g KH)	Steaks mit Bohnen-Tomaten-Gemüse **und** Rote Grütze mit Schokoquark S. 122, 146 (19 + 20 g KH)	 Bunter Salat mit Matjes **und** 2 Scheiben Mandel-Nuss-Brot S. 101, 72 (11 + 6 g KH)
DO	Himbeerquark mit Mandeln  S. 54 (25 g KH)	Sellerieschnitzel mit Pilzragout S. 115 (17 g KH)	Spinat-Frittata mit Schinken S. 94 (10 g KH)
FR	Granola-Müsli **mit** 125 g Joghurt **und** 125 g Beeren S. 74 (12 + 7 + 6 g KH)	Ofen-Doraden mit roter Mojo S. 132 (26 g KH)	Pfifferling-Ceasar-Salat S. 91 (10 g KH)
SA	2 Chia-Quark-Brötchen **mit** 2 Port. Apfel-Schoko-Creme S. 73 (18 + 10 g KH)	Linsenpasta mit Ricotta-Brokkoli  S. 116 (19 g KH)	Sesam-Cheeseburger S. 92 (20 g KH)
SO	Mandel-Kokos-Pancakes mit Papaya S. 62 (22 g KH)	Szegediner Gulasch mit Wurzelpüree **und** Orangen-Joghurt–Eis S. 126, 148 (33 + 11 g KH)	Bunter Salat mit Matjes **und** 2 Scheiben Mandel-Nuss-Brot S. 101, 72 (11 + 6 g KH)

SNACK-KLASSIKER FÜR DEN NOTFALL

Gemüsesticks mit Kräuterdip.............................S. 134 (11 g KH)
Kürbisfritten mit Tomatendip.............................S. 139 (10 g KH)
Gewürz-Käsecracker..S. 140 (16 g KH)
Nuss-Schoko-Crossies ....S. 143 (2 g KH)
Aprikosen-Joghurt-Trifle...................................S. 147 (11 g KH)

WOCHENPLAN_SCHNELLE UND EINFACHE GERICHTE

	MORGENS	MITTAGS	ABENDS
MO	Himbeerquark mit Mandeln S. 54 (25 g KH)	Tomatensuppe mit Croûtons **und** Gratinierte Mandel-Pfirsiche S. 107, 150 (19 + 16 g KH)	Nizzasalat mit Thunfisch S. 100 (20 g KH)
DI	Papaya-Gurken-Smoothie S. 60 (3 g KH)	Geschnetzeltes mit Feta-Joghurt S. 123 (14 g KH)	Blitz-Gazpacho S. 78 (13 g KH)
MI	2 Scheiben Mandel-Nuss-Brot **mit** 1 Port. Lachs-Frischkäse-Aufstrich S. 72, 67 (4 + 2 g KH)	Gemüsebratlinge mit Schnittlauchdip S. 114 (44 g KH)	Spinat-Frittata mit Schinken S. 94 (10 g KH)
DO	Mandel-Dinkel-Porridge mit Apfel S. 59 (18 g KH)	Szegediner Gulasch mit Wurzelpüree S. 126 (33 g KH)	Spargelsalat mit Ziegenkäse S. 90 (12 g KH)
FR	Ingwer-Himbeer-Lassi S. 61 (10 g KH)	Fisch mit Ingwerkruste auf Spinat S. 131 (20 g KH)	Kräuter-Blumenkohlsalat S. 80 (12 g KH)
SA	Papaya-Gurken-Smoothie S. 60 (3 g KH)	Brokkoli-Spinat-Cremesuppe **und** Aprikosen-Joghurt-Trifle S. 106, 147 (7 + 21 g KH)	Hackfleisch-Wraps mit Avocado S. 95 (34 g KH)
SO	Avocado-Tomaten-Rührei S. 68 (6 g KH)	Feiner Fisch-Gemüse-Topf **und** Obstsalat mit Kokos-Zabaione S. 109, 149 (16 + 12 g KH)	Glasnudel-Garnelen-Salat S. 102 (26 g KH)

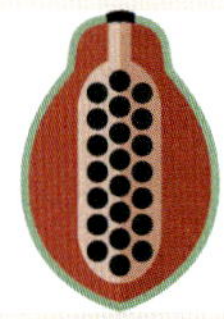

SNACK-KLASSIKER FÜR DEN NOTFALL

Gemüse-Mozzarella-Spieße .... S. 135 (11 g KH)
Gemüse-Quark-Fingerfood .... S. 136 (5 g KH)
Gebratene Mini-Paprika .... S. 138 (2 g KH)
Gewürz-Käsecracker .... S. 140 (0 g KH)
Curry-Honig-Nüsse .... S. 141 (3 g KH)

WOCHENPLAN_VEGETARISCHES

	MORGENS	MITTAGS	ABENDS
MO	Mandel-Dinkel-Porridge mit Apfel S. 59 (18 g KH)	Ratatouille mit Halloumi S. 112 (15 g KH)	Brokkoli-Nuss-Bällchen auf Salat S. 87 (10 g KH)
DI	Overnight-Kokos-Chia mit Erdbeeren S. 56 (26 g KH)	Tex-Mex-Tortilla S. 117 (34 g KH)	Hüttenkäsetaler mit Ajvar-Dip S. 86 (21 g KH)
MI	Avocado-Tomaten-Rührei S. 68 (6 g KH)	Minestrone mit Zucchini-nudeln **und** Panna cotta auf Erdbeeren S. 104, 145 (19 + 13 g KH)	Kräuter-Blumenkohlsalat S. 80 (12 g KH)
DO	Quinoa-Orangen-Brei mit Schoko S. 58 (36 g KH)	Sellerieschnitzel mit Pilz-ragout S. 115 (17 g KH)	Gurken-Joghurtsuppe S. 79 (16 g KH)
FR	Möhrenjoghurt mit Birne S. 55 (22 g KH)	Asia-Nudelsuppe mit Tofu **und** Orangen-Joghurt-Eis S. 108, 148 (15 + 11 g KH)	Bunter Quinoa-Salat S. 82 (26 g KH)
SA	Mandel-Kokos-Pancakes mit Papaya S. 62 (22 g KH)	Gemüsebratlinge mit Schnitt-lauchdip S. 114 (44 g KH)	Fenchelsalat mit Käse-Birnen S. 81 (27 g KH)
SO	2 Chia-Quark-Brötchen **mit** 2 Port. Apfel-Schoko-Creme S. 73, 64 (18 + 10 g KH)	Spargelcurry mit Knuspertofu S. 119 (23 g KH)	Antipasti-Gemüse mit Bohnenkernen S. 85 (22 g KH)

SNACK-KLASSIKER FÜR DEN NOTFALL

Gemüse-Sticks mit Kräuterdip .... S. 134 (11 g KH)
Gebratene Mini-Paprika .... S. 138 (2 g KH)
Kürbisfritten mit Tomatendip............................. S. 139 (14 g KH)
Aprikosen-Kokos-Bällchen.................................... S. 142 (5 g KH)
Nuss-Schoko-Crossies .... S. 143 (2 g KH)

LOW CARB FOREVER –
kohlenhydratarm freestyle

Phase 4 – endlich ist es so weit: Wir entlassen Sie in die Freiheit, aber nicht, ohne Ihnen vorher noch ein paar wirklich hilfreiche Tipps mit auf den Weg zu geben, die Ihnen Ihr künftiges Low-Carb-Leben noch leichter machen.

In den letzten Wochen haben Sie sich die Sicherheit in Sachen kohlenhydratarmer Ernährung zugelegt, mit der Sie nun abwechslungsreich einkaufen, kochen und genießen können. Bestimmt haben Sie auch schon festgestellt, dass Ihr Heißhunger auf Kohlenhydratreiches nachgelassen hat. Und sehr wahrscheinlich hat sich Ihre neue Ernährungsform sogar schon auf der Waage bemerkbar gemacht. Mit diesen schönen Erfolgen haben Sie bestimmt genug Motivation, um auf nun auch Low-Carb-Art weiterzumachen.

DEN SPEISEPLAN SELBST ZUSAMMENSTELLEN

Ab sofort liegt es an Ihnen, wie Sie Ihre tägliche Ernährung gestalten. Damit Sie nicht über das Ziel hinausschießen, behalten Sie das 100-Gramm-Limit im Blick. Mit etwa 100 Gramm Kohlenhydraten am Tag liegen Sie im moderaten Low-Carb-Bereich, der Ihrer Gesundheit und Ihrem Körpergewicht guttut. Die tägliche Kohlenhydratmenge in den Wochenplänen, nach denen Sie bisher vorgegangen sind, bewegen sich in diesem Bereich.
Bevor Sie jetzt ganz nach Lust und Laune lowcarb leben, können Sie sich für Ihren nächsten Schritt in die Selbstständigkeit aus den Rezepten in diesem Buch einmal Ihren eigenen Wochenplan zusammenstellen. Das ist gar nicht schwer …

Werden Sie kreativ und stellen Sie sich Ihr Low-Carb-Menü selbst zusammen.

FAUSTFORMEL LOW CARB FOREVER: 30 PROZENT, 100 GRAMM

Die Höchstmenge an Kohlenhydraten in einem Rezept ist immer abhängig von der Gesamtkalorienzahl – je mehr Kalorien ein Gericht hat, desto mehr Kohlenhydrate kann es auch besitzen und entspricht dabei immer noch dem Prinzip »Low carb«. Daher gibt es eine einfache Regel: Bei Low Carb forever liegt die Höchstmenge an Kohlenhydraten pro Tag bei 100 Gramm.
Ein Beispiel:

- Die durchschnittliche Kalorienmenge für ein Frühstück sind 330 kcal. Low carb ist dieses Frühstück dann, wenn höchstens 30 % der Kalorien aus Kohlenhydraten stammen. Das Frühstück darf also bis zu 110 kcal aus Kohlenhydraten enthalten. Rechnet man diese Energiemenge in Gramm Kohlenhydrate um, kommt man zu folgendem Ergebnis: Jedes Gramm Kohlenhydrate liefert etwa 4 kcal, das bedeutet, 110 kcal entsprechen ungefähr 27 g Kohlenhydraten. In unserem Frühstück dürfen also maximal 27 g Kohlenhydrate enthalten sein.
- Sehen wir uns jetzt ein Hauptgericht an, das etwa 660 kcal liefert – das entspricht der durchschnittlichen Energiemenge für ein Hauptgericht. 30 % davon sind 220 kcal. Diese 220 kcal sind das Maximum, das aus Kohlenhydraten stammen sollte, wenn das Gericht nach unseren Kriterien low carb sein soll. Das sind umgerechnet 55 g Kohlenhydrate.
- Damit hätten Sie in unserem Beispiel bis nach dem Mittagessen etwa 82 g Kohlenhydrate verzehrt. Bleiben noch maximal 18 g Kohlenhydrate fürs Abendessen.

WANN IST MEIN TAGESPLAN LOW CARB?

In den Rezepten dieses Buches stammen maximal 30 % der Gesamtkalorien aus Kohlenhydraten. Damit Sie am Tag nicht mehr als die für moderates Low Carb angemessenen 100 Gramm Kohlenhydrate aufnehmen, sollten Sie die Rezepte, die Sie für jeweils einen Tag auswählen, klug kombinieren. Wenn Ihre Hauptmahlzeit beispielsweise besonders kohlenhydratreich ist, dann wählen Sie für die übrigen Mahlzeiten entsprechend kohlenhydratärmere Rezepte aus. Mehr gilt es nicht zu beachten.
Low Carb geht ohne komplizierte Regeln, eben einfach durch das Reduzieren der Kohlenhydrate. In diesem Buch finden Sie bei jedem Rezept den Gehalt an Kohlenhydraten in Gramm angegeben, sodass Tagespläne, die Sie sich selbst zusammenstellen, leicht zu berechnen sind.

SLOW CARB: ENTSCHLEUNIGUNG DURCH GUTE BEGLEITER

Das Hauptziel Ihres Low-Carb-forever-Lebens ist, das Insulin zu zähmen, indem Sie den Blutzucker in seine natürlichen Schranken weisen:

- Sie verhindern also aktiv gefährliche Blutzucker-Ausschläge nach oben.
- Das vermeidet automatisch Insulinüberfälle und unangenehme Blutzuckerabstürze.
- Sie sind über den Tag hinweg leistungsfähiger als vorher, ganz ohne lähmende Tiefs.

Und:

- Sie sind nach der Umgewöhnungsphase nie mehr auf Ernährungspläne angewiesen.

Und das alles funktioniert deshalb so gut, weil Sie Ihre Essgewohnheiten unter die Lupe genommen und sich selbst und Ihre Reaktion auf Lebensmittel und Mahlzeiten beobachtet haben.

Und weil Sie Lebensmittel mit kritischen Kohlenhydraten wie süße Kohlenhydratbausteine oder Mengen an Stärke kennen und vom Speiseplan gestrichen haben. Zusätzlich erfahren Sie nun hier noch, wie Sie geringe Mengen an Stärke und Zucker, die in Ihrem Alltagsessen ganz sicher vorkommen werden, ganz einfach »entschärfen«. Indem Sie sie entschleunigen!

Noch mal zum Mitschreiben: Slow Carbs und Fast Carbs

Lebensmittel, die fast nur aus Stärke bestehen, also beispielsweise Weißbrot, Pasta, Reis, Kartoffelklöße, beschäftigen unser Enzymsystem im Darm zwar länger als Zuckersüßes wie ein Glas Fruchtnektar. Doch wenn es im Verdauungstrakt nichts anderes zu tun gibt, als langkettige Kohlenhydrate aufzuspalten, dann ist diese Aufgabe für die Enzyme relativ rasch erledigt, die Zuckerbausteine gehen in großer Geschwindigkeit ins Blut über und lassen den Insulinspiegel daher auch rasch und stark ansteigen. Ganz anders sieht das aus, wenn die Kohlenhydrate in einem Lebensmittel in relevanten Mengen von Eiweiß, Fett und/oder Ballaststoffen begleitet werden: Die Anwesenheit von einem oder mehreren dieser Stoffe bremst die Kohlenhydratspaltung und deren Aufnahme aus dem Darm ins Blut. So wird das Insulin-Blutzucker-System geschont. Selbst vergleichsweise hohe Kohlenhydratgehalte in einem Gericht wirken sich dann weitaus weniger ungünstig auf den Blutzuckerspiegel aus.

Sie haben ab und an Lust auf Fast Food? Kein Problem: Verzichten Sie einfach beim Kebab auf das Brot!

Denken Sie an die Entschleuniger

Nudeln mit Apfelmus haben also einen viel höheren Ausschlag beim Blutzucker als Nudeln mit Pesto. Denn Pesto enthält viel Fett aus Öl, Käse, Nüssen und nur sehr wenig Kohlenhydrate. Und wenn Sie der Süßhunger packt, essen Sie besser ein Stück Sahnetorte als eine Tüte Gummibärchen – das Fett hat hier eine gute, insulinbremsende Wirkung. Auch mitenthaltene Ballaststoffe sorgen dafür, dass die Kohlenhydratbausteine aus einem Lebensmittel langsamer ins Blut übergehen. Deshalb sind die natürlicherweise ballaststoffreichen Vollkornprodukte wie Vollkornreis bei einer Low-Carb-Ernährung besser als Lebensmittel mit isolierten Kohlenhydraten wie weißer Reis, obwohl sich diese im reinen Kohlenhydratgehalt kaum voneinander unterscheiden. Bei Hülsenfrüchten, die zwar auch einen recht hohen Kohlenhydratgehalt aufweisen, sorgt das reichlich mitenthaltene Eiweiß für eine nur mäßig starke Insulinreaktion. Auf diese Weise wird auch ein Tramezzino mit reichlich Remoulade, Schinken und Ei zu einer sättigenden Zwischenmahlzeit, während Weißbrot pur nur für ein äußerst kurzes Sättigungserlebnis sorgen könnte.

HILFE, EIN MOTIVATIONSLOCH!

Jetzt nimmt Sie kein vorgegebener Wochenplan mehr bei der Hand, da kann es auch schon mal passieren, dass Ihnen die Motivation flöten geht. Was können Sie tun, um vom eingeschlagenen Low-Carb-Pfad nicht allzu sehr abzuweichen? Machen Sie sich immer wieder klar: Sie müssen nicht, sondern Sie wollen. Sie wollen weniger Kohlenhydrate essen, weil es Ihnen guttut, weil es Sie

DENKEN SIE ANS EIWEISS!

Es ist zwar auch Low Carb, wenn Sie sich den ganzen Tag von grünem Salat und Gemüse ernähren, aber bei einer solchen einseitigen Zusammenstellung fehlen Ihnen bereits nach kurzer Zeit die beiden anderen Hauptnährstoffe Eiweiß und Fett. Beides brauchen Sie aber.
Eiweiß ist nicht nur ein wichtiger Nährstoff, der Sie lange satt hält, sondern auch Baustoff für alle Gewebe des Körpers. Deshalb wechseln Sie auf dem Speiseplan ab, indem Sie Eiweiß in Form von Fisch, Fleisch, Eiern, Milchprodukten oder Hülsenfrüchten auf den Tisch bringen.
Machen Sie auch beim Fett keine Abstriche, denn die gesunden Fette brauchen Sie ebenso. Benutzen Sie zum Braten und Backen Butterschmalz, Olivenöl und Rapsöl, übertriebenes Sparen ist kontraproduktiv. Für die kalte Küche eignen sich Öle mit wertvollen mehrfach ungesättigten Fettsäuren wie Nussöle und hochwertiges, ggf. kalt gepresstes Rapsöl. Auch Kaltwasserfisch, Nüsse, Avocados, Eier und Milchprodukte sind Lieferanten guter Fette.

schlanker werden lässt, weil Sie sich besser fühlen. Bringen Sie Ihre Low-Carb-Ernährung gedanklich immer mit diesen ganzen Vorteilen in Verbindung.

- Unter den vielen Low-Carb-Gerichten, die Sie nun ausprobiert haben, haben Sie bestimmt schon ein paar Lieblingsgerichte ausfindig gemacht. Jetzt ist der richtige Zeitpunkt, sich mal wieder eines dieser besonders leckeren kohlenhydratarmen Gerichte zu gönnen. Zelebrieren Sie das!
- Machen Sie sich eine Zeit lang wieder konkrete Ernährungs-Tages- oder -Wochenpläne, nach denen Sie sich streng richten. Die Pläne nehmen Ihnen Entscheidungen aus der Hand und geben eine klare Linie vor.
- Wenn Sie merken, dass Sie gerade besonders empfänglich sind für »Kohlenhydratsünden«, machen Sie um Versuchungen einen besonders großen Bogen. Ausgerechnet jetzt gehen Sie lieber nicht mit Freunden in die Pizzeria oder zu Erbtante Ernas Kaffeekränzchen. Das heißt auf keinen Fall, dass Sie sich jetzt sozial isolieren müssen. Vielleicht haben Ihre Freunde auch Lust aufs Steakhaus, und statt Tante Erna besuchen Sie diese Woche eine low-carb-gleichgesinnte Freundin.
- Ablenkung ist immer gut, wenn Sie die Lust auf Kohlenhydrate überkommt. Machen Sie was Schönes, was mit Essen nichts zu tun hat, sei es mit Freunden, mit dem Partner oder alleine.

TRINKEN NICHT VERGESSEN

Trinken Sie nicht nur das Richtige gegen Durst, sondern trinken Sie auch richtig: Der Darm kann Flüssigkeit nur nach und nach aufnehmen. Warten Sie daher mit dem Trinken nicht, bis Sie vor Durst geradezu umkommen, um dann in wenigen Minuten einen dreiviertel Liter Wasser herunterzustürzen. Davon gelangt nur ein kleiner Teil dorthin, wo er hin soll: ins Blut und die Zellen. Der Rest wird wieder ausgeschieden. Trinken Sie stattdessen über den Tag hinweg immer wieder kleine Portionen. Nebenbei hat Trinken auch noch einen positiven Effekt auf das Sättigungsgefühl: Wenn Sie Ihren Magen mit kalorienfreiem Nass wie Wasser füllen, überlisten Sie damit Ihr Gehirn. Der Magen sendet dann, ausgelöst durch die Magendehnung, ein Sättigungssignal ans Gehirn. Ein Glas Wasser vor dem Essen kann so einige Kalorien sparen.

LOW CARB GANZ PRAKTISCH –
Tipps für außer Haus

Inzwischen haben Sie sich in der eigenen Küche ein richtiges Low-Carb-Zuhause geschaffen, kohlenhydratarm essen ist völlig normal. Doch was tun, wenn Sie außerhalb der eigenen vier Wände Low Carb essen wollen.

Zu Hause kochen Sie inzwischen ganz selbstverständlich kohlenhydratarm und zaubern im Handumdrehen kalte Low-Carb-Mahlzeiten aus dem Kühlschrank. Doch für das Essen unterwegs und an fremden Tischen fehlt Ihnen nach so kurzer Zeit vielleicht noch ein bisschen Routine. Deshalb hier ein paar Tipps für Low Carb in freier Wildbahn.

UNTERWEGS

Beim Stadtbummel, zwischen zwei Terminen, auf Autobahnraststätten und bei vielen anderen Gelegenheiten mehr, erfordert es etwas Übung, kohlenhydratarm satt und zufrieden zu werden.
An der Imbissbude beispielsweise können Sie sich eine Bratwurst ohne Brötchen, ein Stück Grillhähnchen oder Chicken Wings gönnen. Auch Chicken Nuggets sind ein akzeptabler Low-Carb-Sattmacher, das Frittierfett macht die Panade zu Slow Carb. Ein Döner oder Gyros ist ebenfalls eine gute Lösung, wenn Sie ihn statt im Fladenbrot mit einer Salatbeilage genießen. Für Vegetarier sind Falafel, ebenfalls mit Salatbeilage statt mit Brot, eine gute Wahl. In türkischen Imbissen gibt es häufig eine reichhaltige Salatauswahl, aus der Sie sich bedienen können, solange es nicht zu viele kohlenhydratreiche Zutaten hat. Seien Sie hier vor allem sparsam mit dem Couscous und nehmen Sie stattdessen lieber mehr Weißkohl- oder Blumenkohlsalat. In manchen Imbissen werden auch Suppen angeboten, die fast immer Low Carb oder zumindest »medium carb« sind, z. B. Gulaschsuppe, Fleischbrühe, Grüne-Bohnen-Eintopf. Beim Asiaten wählen Sie am besten Currys ohne Reis oder Sommerrollen. Wenn Sie nichts passendes Warmes entdecken oder Ihnen gar nicht nach einem warmen Imbiss ist, dann ist ein dick belegtes Vollkornbrötchen eine akzeptable Lösung, von dem Sie einfach den Deckel weglassen. So können Sie auch mit einem Burger verfahren – oder lassen Sie sich den Pattie in ein Salatblatt einwickeln.

IM BÜRO

Für Mittagsmahlzeiten und den kleinen Hunger zwischendurch bei der Arbeit können Sie sich Gerichte zum Mitnehmen zu Hause vorbereiten. Tipps für Kleinigkeiten finden Sie auf Seite 37.
Aber was, wenn Sie es nicht geschafft haben, etwas Geeignetes einzupacken? Dann bleibt die Kantine. Dass Sie den Nudelauflauf stehen lassen ebenso wie das Risi-Bisi, versteht sich von selbst. Lassen Sie beim Hähnchenschnitzel, bei der Kohlroulade oder beim gebratenen Fisch die Kohlenhydratbeilage weg oder nehmen Sie nur eine sehr kleine Portion. Dafür ist man bei der Essensausgabe bestimmt so

freundlich, Ihnen entsprechend mehr Gemüse, Salat, Fleisch oder Fisch auf den Teller zu legen. Am Salatbuffet lassen Sie Kartoffel-, Reis- und Nudelsalat liegen und wählen Gemüse- und Hülsenfruchtsalate oder grünen Salat. Das zuckerärmste Dressing dazu ist eine Vinaigrette aus Essig und Öl.

IM RESTAURANT

In den meisten Restaurants ist Low Carb noch nicht so recht angekommen. Es fängt schon vor der Bestellung an: Sofort kommt ein gut gefüllter Brotkorb auf den Tisch. Sagen Sie dem Kellner am besten schon vorab, dass Sie auf diesen verzichten möchten, so geraten Sie auch nicht in die Versuchung, während des Wartens auf die Mahlzeit zuzugreifen. Ob Italiener, Grieche, klassische deutsche Küche: Am besten halten Sie sich bei der Auswahl an Fleisch- oder Fischgerichte (unpaniert) mit viel Gemüse und Salat. Vielleicht steht auch ein Omelett auf der Karte. Die meisten Küchen sind so flexibel, Kohlenhydratreiches gegen Gemüse oder Salat auszutauschen. Auf der Vorspeisen-Karte von Restaurants mit Mittelmeerküche, sei es der Spanier, der Italiener oder auch der Türke, finden sich einige Low-Carb-Kleinigkeiten, die Sie bestimmt auch als Hauptgericht bestellen können. Beim Asiaten ist es einfach, hier kommt der Reis separat, bestellen Sie einfach nur eine kleine Menge.
Zum Abschluss des Essens wählen Sie vielleicht eine kleine Portion Eis, ein Beerendessert oder – supereinfach – einen Espresso.

BEI EINLADUNGEN

Ein gemütliches gemeinsames Essen unter Freunden ist sicherlich etwas anderes als das Abendessen beim neuen Chef. Im ersteren Fall kennt man Sie und wird Ihre Ernährungsweise gerne berücksichtigen. Im letzteren Fall wollen Sie vielleicht nicht gleich mit offenen Karten spielen und sich als wählerischer Kauz hervorheben. Vielleicht gelingt es Ihnen, das bewährte Restaurantprinzip anzuwenden und die kohlenhydratreichen Beilagen einfach wegzulassen. Hat Ihr Chef aber voller Stolz eine selbst gemachte Lasagne oder einen vorbildlichen Strudel auf den Tisch gestellt, hilft nur eins: Genießen Sie in diesem Fall, was Ihnen angeboten wird und machen Sie sich einen unbeschwerten Abend. Sie werden in den folgenden Tagen wieder nach Ihren Regeln lowcarb essen, das macht solche Ausnahmemahlzeiten gut möglich.

HILFE, EIN AUSRUTSCHER!

Wenn es doch mal passiert ist: Ein Ausrutscher ist kein Beinbruch. Es ist wirklich nicht schlimm, wenn Sie mal einen ganzen Teller Nudeln verdrücken oder eine Tafel Schokolade verputzen. Gelassenheit heißt das Zauberwort. Versuchen Sie vor allem herauszufinden, warum es zu dem Ausrutscher kam. Vielleicht hatten Sie nicht die entsprechende Menge Sauce und Salat zu den Nudeln zur Verfügung, um auf Low-Carb-Art satt zu werden. Vielleicht sind Sie einfach in das gewohnte Muster verfallen, Stress mit Süße »wegzuessen« …
Möglicherweise stellen Sie sogar fest, dass Ihnen Zuckerzeug mittlerweile viel zu süß ist und der Genuss ist gar nicht so groß, wie Sie ihn sich ausgemalt haben. Oder es macht Sie unzufrieden, dass Sie nach der Kohlenhydratmahlzeit schon bald wieder hungrig sind. Umso besser! Das bestärkt Sie in Ihrer Entscheidung für Low Carb.

LOW-CARB-REZEPTE – *suchen und finden*

Low Carb ist abwechslungsreich, es gibt unzählige Rezepte, die in Ihre neue Ernährungsweise passen. Worauf müssen Sie achten?

Wer gerne »frei Schnauze« kocht, hat sich nun ausreichend Grundwissen angeeignet, um sich lecker und vielseitig auf Low-Carb-Art zu ernähren. Wenn Sie aber lieber nach Rezept vorgehen oder hin und wieder einfach ein neues Gericht ausprobieren möchten, das Sie im Internet oder in einer Zeitschrift gefunden haben, dann stellen Sie sich vielleicht ein paar Fragen …

WIE ERKENNE ICH LOW-CARB-REZEPTE?

Nicht immer sind Rezepte, die Sie in Ihren Kochbüchern, im Netz oder in Illustrierten finden, als »Low Carb« gekennzeichnet, vor allem dann nicht, wenn sie schon älteren Datums sind. Und doch können sie den Low-Carb-Kriterien entsprechen. Wie lässt sich das erkennen?

BALLASTSTOFFE LIEFERN KEINE ENERGIE!

Ballaststoffe gehören zwar auch zu den Kohlenhydraten, werden aber vom Körper nicht wie diese verwertet. Deshalb werden sie bei der energieliefernden Kohlenhydratmenge eines Lebensmittels auch nicht mitgezählt. Die deutsche Lebensmittelkennzeichnungsverordnung regelt daher, dass die auf dem Lebensmitteletikett angegebene Kohlenhydratmenge ohne Ballaststoffe aufgeführt wird.
Es ist dem Hersteller überlassen, ob er den Ballaststoffanteil eines Lebensmittels separat ausweist. Nährwertangaben im Internet beruhen manchmal auf US-amerikanischen Grundlagen – hier können die Ballaststoffe in der Gesamt-Kohlenhydratmenge mit eingerechnet sein, ohne dass dies erkennbar wäre. Bei Gemüse und Vollkornprodukten kann das erhebliche Unterschiede ausmachen: Statt 2 bis 3 Gramm Kohlenhydrate stehen bei der Artischocke dann plötzlich 13 Gramm (mitenthalten: ca. 10 Gramm nicht energieliefernde Ballaststoffe), bei Linsen werden 15 statt 10 Gramm ausgewiesen (5 Gramm Ballaststoffe inbegriffen), und Leinsamen haben erschreckende 38 Gramm Kohlenhydrate – die in diesem Fall ausschließlich Ballaststoffe ohne Energiewert sind.
In den Rezepten dieses Buches werden die Ballaststoffe extra ausgewiesen und sind nicht Bestandteil der Kohlenhydratangaben.

Wenn Sie wissen, welches die bedeutendsten Carb-Lieferanten sind, sind Sie schon einmal auf dem richtigen Weg. Diese sind ja zum Glück leicht zu identifizieren: Pasta-, Reis- und Kartoffelgerichte, Speisen aus Getreide(mehl) wie Brote und andere Backwaren, darunter auch Pizza oder Quiche sind von sich aus nicht Low Carb – es sei denn, sie sind ausdrücklich als solche gekennzeichnet, weil die stärkehaltigen Zutaten durch kohlenhydratarme Ersatzprodukte ausgetauscht wurden.
Bei allen anderen Rezepten schauen Sie einfach genau hin: Wenn Nährwerte dazu angegeben sind, ist es einfach. Die Kalorien aus Kohlenhydraten sollten pro Portion möglichst nicht viel mehr als ein Drittel der Gesamtkalorienmenge betragen. Multiplizieren Sie dazu die bei den Kohlenhydraten angegebene Menge in Gramm einfach mal vier. Gibt es solche Angaben nicht, müssen Sie die Zutatenlisten ansehen und ungefähr abschätzen, wie hoch der Anteil der Zutaten ist, die viele Kohlenhydrate besitzen. Eindeutig für Low-Carb-Experten! Und Vorsicht, Kohlenhydrate stecken auch im Verborgenen, zum Beispiel in Bindemittel (Stärke) für Saucen, in Panaden (Mehl), in Trockenobst und in Fruchtzubereitungen.

LOW-CARB-REZEPTE SELBST ENTWICKELN

Mittlerweile sind Sie mit Sicherheit in der Lage, Low-Carb-Rezepte auf einen Blick zu erkennen, können die Liste der kohlenhydratreichen Lebensmittel im Schlaf herunterbeten, und Ihr Vorrat ist Low Carb vom Feinsten. Es sollte für Sie daher kein Problem sein, ohne Rezept Low Carb zu kochen. Wenn Sie zum Beispiel Lust auf ein Nudelgericht haben, dann können Sie entweder aus der großen Auswahl kohlenhydratarmer Nudelsorten wählen, Sie können aber auch Ihre »Nudeln« aus Zucchini, Möhren und Co. schneiden oder sich eine Handvoll Vollkornnudeln mit ganz viel Gemüse-Fleisch-Sugo zubereiten. Ihr Risotto besteht nicht aus Reis, sondern aus reiskornklein gemixtem Blumenkohl, Ihre Pizza hat einen Gemüseboden.
Ein Sonderfall ist aber das Backen. Klassische Backrezepte sind in den seltensten Fällen low carb, denn ohne Mehl kommen die wenigsten aus. Bei süßen Backwaren wie Kuchen und Kleingebäck kommt dann noch eine nicht unerhebliche Menge Zucker dazu. Als Süßungsmittel bietet sich dann beispielsweise das kohlenhydratfreie Erythrit an. Der Ersatz von herkömmlichem Mehl durch kohlenhydratarme Mehlsorten wie Nuss- und Mandelmehl erfordert allerdings einiges an Hintergrundwissen, denn diesen Low-Carb-»Mehlen« fehlt das Klebereiweiß. Teige daraus verhalten sich völlig anders und gelingen nur mit einigen Tricks. Es funktioniert daher nicht, Mehl einfach zu ersetzen. Hier halten Sie sich besser an bestehende Rezepte. Wenn Sie regelmäßig backen, haben Sie mit der Zeit aber vermutlich den Dreh raus und können sich auch hier an eigenen Kreationen versuchen.

FLEXIBEL BLEIBEN TROTZ REZEPTVORLAGEN

Insgesamt sollten Sie mit den Rezepten in diesem Buch auf täglich höchstens 100 Gramm Kohlenhydrate kommen. Wenn Sie sich noch eine Zwischenmahlzeit oder eine Nachspeise gönnen, steigt Ihr Tagesinput an Kohlenhydraten natürlich etwas. Doch wenn alle Gerichte lowcarb sind, können Sie sich unmöglich mit zu vielen Kohlenhydraten überfuttern. Versuchen Sie dennoch, die Höchstgrenze von 100 Gramm Kohlenhydraten nicht allzu häufig zu überschreiten, um den Insulinspiegel konstant auf niedrigem Niveau zu halten. Gleichzeitig vermeiden Sie mit dieser Kohlenhydratbeschränkung auch, dass Sie insgesamt zu viele Kalorien verzehren, die dann als Fett gespeichert werden. Wenn Ihnen also ab und zu nach einem Dessert ist, dann essen Sie am besten ein besonders kohlenhydratarmes Hauptgericht, damit Sie in der Gesamtbilanz nicht zu sehr ausscheren.

REZEPTE

LOW CARB KOCHEN – FÜR IMMER

Low Carb ist einfach lecker,
von morgens bis abends. Vielleicht etwas
ungewohnt am Anfang, aber deshalb
tasten Sie sich ja schrittweise ran …
Allzeit guten Appetit mit unseren Rezepten,
mit denen Sie natürlich gerne auch
experimentieren können.

Für 2 Personen • 20 Min. Zubereitung

HIMBEERQUARK MIT MANDELN

POWER-FRÜHSTÜCK MIT VIEL EIWEISS

ZUTATEN:

150 g Himbeeren (frisch oder tiefgekühlt)
250 g Quark (20 % Fett i. Tr.)
150 g Joghurt (3,5 % Fett)
½ Vanilleschote
1 EL Honig
2 EL gehobelte Mandeln
2 EL kernige Dinkelflocken

NÄHRWERTE PRO PORTION:

ca. 338 kcal
23 g Eiweiß
15 g Fett
25 g Kohlenhydrate
5 g Ballaststoffe

1 Die Himbeeren verlesen, vorsichtig waschen und trocken tupfen (tiefgekühlte Beeren auftauen lassen). 100 g Himbeeren, den Quark und den Joghurt in eine Schüssel geben. Die Vanilleschote längs aufschneiden, das Mark herausschaben und mit dem Honig zum Quark geben. Alles glatt pürieren.

2 Mandeln und Dinkelflocken in einer beschichteten Pfanne ohne Fett goldbraun rösten und abkühlen lassen.

3 Den Joghurtquark in zwei Schalen anrichten, mit dem Mandel-Flocken-Mix bestreuen und mit den übrigen Himbeeren dekorieren.

VARIANTE:

Himbeer-Smoothie-Bowl: 100 g Himbeeren mit dem Quark, Joghurt, Vanillemark und Honig wie im Rezept beschrieben im Mixer cremig pürieren. Falls die Masse zu dickflüssig ist, noch 100 ml kaltes stilles Mineralwasser untermixen. Die Smoothie-Bowl in zwei Schalen anrichten und mit dem gerösteten Mandel-Flocken-Mix nach Rezept bestreuen. Mit 50 g Himbeeren dekorieren und servieren.

MÖHRENJOGHURT MIT BIRNE

REICH AN BETA-CAROTIN

ZUTATEN:
200 g Möhren
1 EL hochwertiges Rapsöl
Salz, Pfeffer
20 g Walnusskerne
2 EL kernige Haferflocken
30 g Feldsalat
1 kleine reife Birne (ca. 150 g)
1 EL Zitronensaft
200 g Joghurt griechischer Art (10 % Fett)
50 ml Milch

NÄHRWERTE PRO PORTION:
ca. 326 kcal
8 g Eiweiß
23 g Fett
22 g Kohlenhydrate
6 g Ballaststoffe

1 Die Möhren putzen, schälen und fein raspeln. Das Öl in einem kleinen Topf erhitzen, die Möhren darin ca. 2 Min. andünsten. Mit Salz und Pfeffer würzen, 3 EL Wasser zugeben und die Möhren zugedeckt bei kleiner Hitze weitere 5 Min. dünsten. Von der Kochstelle nehmen und abkühlen lassen.

2 Die Nüsse grob hacken und mit den Haferflocken in einer beschichteten Pfanne ohne Fett bei mittlerer Hitze anrösten. Dann abkühlen lassen. Den Feldsalat abbrausen und putzen. Die Birne waschen, vierteln, entkernen und in Spalten schneiden. Sofort mit dem Zitronensaft beträufeln.

3 Die Möhren mit dem Joghurt vermischen und in zwei Gläser oder Schalen füllen. Den Nussmix, Feldsalat und Birnenspalten darauf verteilen. Mit der Milch übergießen und servieren.

VARIANTE:
Die Birne durch 2 frische, geviertelte Feigen ersetzen.

OVERNIGHT-KOKOS-CHIA

SPITZENSTART MIT SUPERFOOD

Für 2 Personen
20 Min. Zubereitung
6 Std. Quellen

ZUTATEN:
500 ml ungesüßter Kokosdrink
50 g Chiasamen
30 g kernige Haferflocken
½ TL gemahlene Vanille
2 EL Kokos-Chips
1 kleine Avocado (ca. 200 g)
1 EL Limettensaft
2 TL Rohrohrzucker
125 g Erdbeeren

NÄHRWERTE PRO PORTION:
ca. 516 kcal
10 g Eiweiß
39 g Fett
26 g Kohlenhydrate
16 g Ballaststoffe

1 Den Kokosdrink mit den Chiasamen, Haferflocken und Vanille in eine Schüssel geben und gut verrühren. Die Mischung ca. 10 Min. quellen lassen, dann nochmals durchrühren. In zwei Gläser oder Schalen verteilen und zum Quellen zugedeckt mindestens 6 Std., am besten über Nacht, in den Kühlschrank stellen, bis sie eine geleeartige Konsistenz hat.

2 Am nächsten Morgen vor dem Servieren die Kokos-Chips in einer beschichteten Pfanne ohne Fett bei mittlerer Hitze goldgelb rösten. Die Avocado halbieren, den Kern herauslösen, das Fruchtfleisch aus der Schale lösen und in einem hohen Mixbecher mit dem Limettensaft und dem Zucker pürieren. Erdbeeren abbrausen, putzen und vierteln.

3 Das Avocadopüree auf die gekühlte Chiacreme geben, mit den Erdbeeren und den gerösteten Kokos-Chips dekorieren und servieren.

VARIANTE:
Für ein Schoko-Overnight-Müsli den Kokosdrink wie beschrieben mit Chiasamen und Flocken gründlich verrühren und statt der Vanille 2 EL Kakaopulver mit einrühren.

TIPP:
Durch die nächtliche Ruhezeit wird der Chia-Mix schön cremig und gut bekömmlich. Am Morgen mit frischen Beeren und Nüssen oder Kernen aufpeppen – schon ist das fixe Müsli fertig. Auch perfekt zum Mitnehmen: Chia-Samen und Flocken direkt in einem gut verschließbaren Gefäß einweichen.

QUINOA-ORANGEN-BREI MIT SCHOKO

GLUTENFREIE MORGENMAHLZEIT

ZUTATEN:
60 g Quinoa
300 ml Milch
1 Prise Salz
¼ TL gemahlene Vanille
30 g Haselnusskerne
30 g Mandeln
15 g Sonnenblumenkerne
1 große Orange
200 g körniger Frischkäse
2 TL Kakao-Nibs (Bioladen, Drogeriemarkt; s. Tipp)

NÄHRWERTE PRO PORTION:
ca. 555 kcal
30 g Eiweiß
32 g Fett
36 g Kohlenhydrate
5 g Ballaststoffe

1 Die Quinoa in einem Sieb kalt abspülen und abtropfen lassen. Mit der Milch, Salz und Vanille in einem Topf bei mittlerer Hitze aufkochen, dann zugedeckt bei kleiner Hitze ca. 15 Min. köcheln und ca. 10 Min. auf der abgeschalteten Kochstelle nachquellen lassen.

2 Inzwischen Haselnüsse und Mandeln grob hacken, mit den Sonnenblumenkernen in einer beschichteten Pfanne ohne Fett bei mittlerer Hitze goldbraun rösten. Abkühlen lassen. Die Orange wie einen Apfel bis ins Fruchtfleisch schälen, die Orangenfilets zwischen den Trennwänden herausschneiden, dabei den austretenden Saft auffangen.

3 Die Quinoa von der Kochstelle nehmen, Orangensaft und Frischkäse unterheben und den Brei in zwei Schalen anrichten. Mit der Nussmischung bestreuen und mit den Orangenfilets dekorieren. Mit je 1 TL Kakao-Nibs bestreut servieren.

GUT ZU WISSEN:
Für Kakao-Nibs werden rohe Kakaobohnen geschält, zerkleinert, fermentiert und getrocknet. Sie kommen ganz ohne Zucker aus.

Für 2 Personen • 20 Min. Zubereitung

MANDEL-DINKEL-PORRIDGE MIT APFEL

REICH AN BALLASTSTOFFEN

ZUTATEN:

50 g Mandeln
30 g zarte Dinkelflocken
2 EL Gold-Leinsamen (s. Tipp)
400 ml ungesüßter Mandeldrink
Salz
1 kleiner Apfel (z. B. Elstar)
50 g Brombeeren
½ TL Zimtpulver

NÄHRWERTE PRO PORTION:

ca. 307 kcal
11 g Eiweiß
20 g Fett
18 g Kohlenhydrate
5 g Ballaststoffe

1 Die Mandeln klein hacken und in einer beschichteten Pfanne ohne Fett bei mittlerer Hitze goldbraun rösten. Abkühlen lassen. Dinkelflocken, Leinsamen, Mandeldrink und 1 Prise Salz in einem Topf unter Rühren aufkochen, bei kleiner Hitze zugedeckt 10 Min. quellen lassen.

2 Inzwischen den Apfel waschen, vierteln, entkernen und in kleine Würfel schneiden. Die Brombeeren abbrausen und verlesen. Die Hälfte der Mandeln unter das Porridge mischen und dieses in Schalen verteilen. Mit Apfelwürfeln und Brombeeren belegen. Mit den übrigen Mandeln bestreuen und mit dem Zimt bestäubt servieren.

TIPP:

Sie können den Dinkelbrei schon am Abend vorkochen. Am nächsten Morgen genießen Sie ihn entweder kalt oder Sie rühren noch etwas Mandeldrink unter und erwärmen den Porridge kurz.

GUT ZU WISSEN:

Gold-Leinsamen ist eine Leinsaat-Variante mit mildem Geschmack und goldgelber Farbe. Er quillt noch besser auf als die dunklen Körner.

Für 2 Personen • 15 Min. Zubereitung

PAPAYA-GURKEN-SMOOTHIE

VEGANER FITMACHER

ZUTATEN:

½ Bio-Limette
50 g Baby-Blattspinat
200 g reife Papaya
5 Basilikumblätter
150 g Salatgurke
2 TL Pistazienkerne
1 EL Walnussöl
125 ml kaltes stilles Mineralwasser

NÄHRWERTE PRO PORTION:

ca. 118 kcal
3 g Eiweiß
8 g Fett
3 g Kohlenhydrate
2 g Ballaststoffe

1 Die Limette heiß waschen, abtrocknen, die Schale fein abreiben, den Saft auspressen. Die Spinatblätter waschen, verlesen und grob hacken. Die Kerne mit einem Löffel aus der Papaya schaben, das Fruchtfleisch schälen und in grobe Stücke schneiden. Die Basilikumblätter waschen. Die Gurke schälen, entkernen und in Stücke schneiden.

2 Den Spinat, die Papaya, 3 Basilikumblätter und die Gurke in einen starken Mixer geben. Den Limettensaft und -schale, Pistazien, Öl und Mineralwasser zufügen und alles erst auf kleiner Stufe pürieren, dann auf höchster Stufe kurz und kräftig durchmixen.

3 Den Smoothie in 2 Gläser füllen und mit je 1 Basilikumblatt garnieren. Sofort servieren.

VARIANTE:

Ein Smoothie besteht aus grünen Blättern wie Spinat, Sellerie oder Blattsalaten. Kombinieren Sie weiches Low-Carb-Obst dazu, damit der Drink schön cremig wird, z. B. statt Papaya zur Abwechslung auch mal Avocado, Beeren oder Orange.

Für 2 Personen • 10 Min. Zubereitung

INGWER-HIMBEER-LASSI

GLUTENFREIES FRÜHSTÜCK

ZUTATEN:

200 g Himbeeren (frisch od. TK)
1 Stück Ingwer (ca. 15 g)
100 g Joghurt
100 g Joghurt griechischer Art (10 % Fett)
1 EL Zitronensaft
1 EL geschroteter Gold-Leinsamen (s. Tipp S. 59)
1 EL Honig (nach Belieben)
150 g Eiswürfel oder Crushed Ice
1 Stängel Minze

NÄHRWERTE PRO PORTION:

ca. 151 kcal
6 g Eiweiß
8 g Fett
10 g Kohlenhydrate
7 g Ballaststoffe

1 Himbeeren verlesen, abbrausen und vorsichtig trocken tupfen. Den Ingwer schälen und fein reiben. Die Himbeeren und den Ingwer mit beiden Joghurtsorten, Zitronensaft und Leinsamen in einen starken Mixer geben. Den Honig, falls gewünscht, sowie die Eiswürfel oder das Crushed Ice zufügen und alles erst auf kleiner Stufe pürieren, dann auf höchster Stufe kurz und kräftig mixen.

2 Den Smoothie nach Belieben noch mit etwas kaltem Wasser verdünnen, in 2 Gläser füllen. Die Minze waschen, trocken schütteln, Blätter abzupfen und jeden Smoothie mit je 1–2 Minzeblättern garnieren. Sofort servieren. Nach Belieben noch mit stillem Mineralwasser verdünnen.

VARIANTE:

Für einen veganen Heidelbeer-Kokos-Lassi 150 g TK-Heidelbeeren antauen lassen. Die Beeren in einem starken Mixer mit 200 g Natur-Kokosjoghurt, 2 EL Orangensaft und 1 TL abgeriebener Schale von einer Bio-Orange sowie 2 EL zarten Haferflocken und 150 g Eiswürfeln pürieren. Nach Belieben noch mit stillem Mineralwasser verdünnen.

MANDEL-KOKOS-PANCAKES MIT PAPAYA

GLUTENFREIER START IN DEN TAG

Für 2 Personen
30 Min. Zubereitung

ZUTATEN:
200 g Papaya
100 g Blaubeeren
1 Bio-Limette
1 ½ EL Erythrit
2 Eier (M)
120 g gemahlene Mandeln
30 g Kokosraspel
½ TL Zimtpulver
½ TL Weinstein-Backpulver
100 ml ungesüßter Haferdrink
Salz
3 EL Öl
2 EL Ahornsirup

NÄHRWERTE PRO PORTION:
ca. 725 kcal
22 g Eiweiß
59 g Fett
22 g Kohlenhydrate
14 g Ballaststoffe

1 Die Papaya schälen, gegebenenfalls halbieren, mit einem Löffel entkernen und das Fruchtfleisch klein würfeln. Die Blaubeeren verlesen, abbrausen und abtropfen lassen. Die Limette heiß waschen und abtrocknen, 1 TL Limettenschale fein abreiben, 1 EL Limettensaft auspressen. Limettenschale und -saft mit Papaya und Blaubeeren sowie ½ EL Erythrit mischen.

2 Die Eier trennen. Die Mandeln, die Kokosraspel, Zimt und Backpulver in einer Schüssel mischen. Die Eigelbe mit dem übrigen Erythrit und 4 EL Haferdrink mit den Rührbesen des Handrührgeräts hellcremig aufschlagen. Den Mandelmix und den übrigen Haferdrink einrühren und den Teig ca. 5 Min. quellen lassen. Inzwischen das Eiweiß mit 1 Prise Salz steif schlagen und in zwei Portionen vorsichtig unter den Teig heben.

3 Den Backofen auf 80° vorheizen. Das Öl portionsweise in einer großen beschichteten Pfanne erhitzen. Vom Teig 3–4 esslöffelgroße Portionen in die Pfanne geben und in 4–5 Min. von beiden Seiten zu goldgelben Pancakes backen. Auf Küchenpapier kurz abtropfen lassen.

4 Fertige Pancakes im Ofen warm halten. Den restlichen Teig wie beschrieben verarbeiten, bis der gesamte Teig aufgebraucht ist. Die Pancakes mit dem Papayasalat und dem Ahornsirup anrichten.

APFEL-SCHOKO-CREME

VEGANES AUFGESTRICHEN

ZUTATEN:
100 g Bitterschokolade (mind. 70 % Kakao)
50 g Haselnusskerne
1 kleiner Apfel (ca. 125 g)
1 EL Zitronensaft
4 EL ungesüßter Haselnussdrink
1 EL Erythrit
½ TL Zimtpulver
Salz

AUSSERDEM:
1 Twist-Off-Glas (Inhalt 300 ml)

NÄHRWERTE PRO PORTION:
ca. 93 kcal
1 g Eiweiß
7 g Fett
5 g Kohlenhydrate
1 g Ballaststoffe

1 Die Schokolade in Stücke brechen und in einem Topf über einem heißen Wasserbad unter Rühren schmelzen. Inzwischen die Nüsse fein reiben. Den Apfel schälen, vierteln, entkernen und grob raspeln. Die Raspel mit dem Zitronensaft und dem Haselnussdrink vermengen.

2 Die Apfelmischung, Nüsse, Erythrit und Zimt zur geschmolzenen Schokolade geben und untermischen. Alles fein pürieren und mit 1 Prise Salz abschmecken. Das Glas heiß ausspülen und den Aufstrich einfüllen, das Glas gut verschließen und den Aufstrich ca. 30 Min. kalt stellen. Im Kühlschrank aufbewahrt hält sich die Creme bis zu 5 Tage. Damit sie sich gut verstreichen lässt, das Glas mit dem Aufstrich ca. 30 Min. vor dem Servieren aus dem Kühlschrank nehmen.

VARIANTE:
Espresso-Vanille-Creme: 75 g flüssiger Espresso mit 2 EL Erythrit in einem kleinen Topf unter Rühren bei großer Hitze in ca. 5 Min. sirupartig einkochen, abkühlen lassen. Das Mark von 1 Vanilleschote mit 150 g Mascarpone, 3 EL gemahlenen Mandeln und dem Sirup verrühren. Dieser Aufstrich hält sich im Kühlschrank 3–4 Tage.

Für 2 Gläser, ca. 10 Portionen • 30 Min. Zubereitung • 4 Std. Abkühlen

ERDBEER-RHABARBER-KONFITÜRE

FRISCH UND VITAMINREICH

ZUTATEN:
150 g Erdbeeren
200 g Rhabarber
½ Vanilleschote
2 EL Zitronensaft
1 EL Rohrohrzucker
2 EL Erythrit
1 geh. EL Apfelpektin (ca. 12 g)

AUSSERDEM:
2 Twist-Off-Gläser (Inhalt je 200 ml)

NÄHRWERTE PRO PORTION:
ca. 10 kcal
0 g Eiweiß
0 g Fett
1 g Kohlenhydrate
1 g Ballaststoffe

1 Die Erdbeeren abbrausen, putzen und klein schneiden. Rhabarber waschen, putzen und in kleine Stücke schneiden. Die Hälfte von beidem in ein hohes Rührgefäß geben und mit dem Pürierstab pürieren, in einen Topf umfüllen.

2 Die Vanilleschote längs aufschneiden und das Mark herauskratzen. Vanilleschote und -mark mit den übrigen Früchten, Zitronensaft, Zucker, Erythrit und Pektin unter das Püree im Topf mischen. Das Ganze unter Rühren zum Kochen bringen und ca. 3 Min. sprudelnd kochen lassen. Inzwischen die Gläser heiß ausspülen.

3 Die Vanilleschote entfernen und die Fruchtmasse sofort in die zwei Gläser füllen. Diese fest verschließen und für ca. 5 Min. auf den Deckel stellen. Die Gläser wieder umdrehen und die Konfitüre vollständig abkühlen lassen. Im Kühlschrank aufbewahrt hält sie sich ca. 1 Woche. Offene Gläser innerhalb von 3–4 Tagen verbrauchen.

Für 6 Portionen • 20 Min. Zubereitung • 30 Min. Kühlen

PAPRIKA-LINSEN-AUFSTRICH

VEGAN MIT ORIENT-TOUCH

ZUTATEN:

1 Schalotte
1 Knoblauchzehe
50 g Walnüsse
1 EL Olivenöl
½ TL gemahlener Kreuzkümmel
50 g rote Linsen
125 ml Gemüsebrühe
50 g Ajvar (Paprikamus; mild oder scharf)
Salz, Pfeffer
1 TL Weißweinessig

NÄHRWERTE PRO PORTION:

ca. 112 kcal
4 g Eiweiß
7 g Fett
7 g Kohlenhydrate
2 g Ballaststoffe

1 Die Schalotte und die Knoblauchzehe schälen und fein würfeln. Die Walnüsse hacken. Das Öl in einem Topf erhitzen, Schalotte und Knoblauch darin glasig dünsten. Mit dem Kreuzkümmel bestäuben, Linsen, Nüsse und Brühe zugeben, aufkochen. Alles zugedeckt bei kleiner Hitze ca. 10 Min. köcheln lassen, bis die Linsen zerfallen.

2 Den Topf von der Kochstelle nehmen, die Linsen kurz abkühlen lassen. Das Ajvar zufügen und alles mit dem Pürierstab fein pürieren, mit Salz, Pfeffer und Essig abschmecken. Den Aufstrich vor dem Servieren ca. 30 Min. kalt stellen. Dazu schmeckt z. B. Mandel-Nuss-Brot (Rezept S. 72). Im Kühlschrank hält sich der Aufstrich 4–5 Tage.

VARIANTE:

Edamame-Wasabi-Aufstrich: 125 g TK-Edamame in Wasser 5–7 Min. kochen, abgießen und abschrecken. Die Bohnenkerne aus den Hülsen lösen. Die Blätter von ½ Bund Koriandergrün mit 2 TL Wasabipaste zu den Bohnenkernen geben. 2 EL Öl und 2 EL Limettensaft zufügen. Alles fein pürieren, mit Salz würzen. Der Aufstrich hält sich im Kühlschrank 4–5 Tage.

Für 4 Portionen • 10 Min. Zubereitung

LACHS-FRISCHKÄSE-AUFSTRICH

MIT HOCHWERTIGEM EIWEISS

ZUTATEN:

80 g Räucherlachs (ersatzweise Nordseekrabbenfleisch oder Thunfisch)
1 Bio-Zitrone
200 g Doppelrahm-Frischkäse
1 TL geriebener Meerrettich (Glas)
Salz, Pfeffer
¼ Kästchen Kresse

NÄHRWERTE PRO PORTION:

ca. 172 kcal
7 g Eiweiß
15 g Fett
2 g Kohlenhydrate
0 g Ballaststoffe

1 Den Räucherlachs in kleine Würfel schneiden oder fein hacken. Die Zitrone heiß waschen und abtrocknen. 1 TL Schale fein abreiben, die Zitrone halbieren und 1 EL Saft auspressen.

2 Den Frischkäse mit Zitronenschale und -saft, Meerrettich, Salz, Pfeffer und 1 EL Wasser verrühren. Den Lachs untermischen. Die Kresse abbrausen, trocken tupfen, abschneiden und bis auf ein kleines Büschel unter die Creme mischen. Den Aufstrich mit der Kresse bestreut servieren. Hält sich im Kühlschrank 3–4 Tage.

VEGGIE-VARIANTE:

Avocado-Frischkäse-Aufstrich: Das Fruchtfleisch von 1 Avocado klein würfeln. Die Blätter von 2 Stängeln Basilikum in feine Streifen schneiden. 200 g körnigen Frischkäse mit 1 EL Limettensaft, Salz und Pfeffer verrühren. Avocado und Basilikum unterheben. Der Aufstrich hält sich gekühlt 2–3 Tage.

Für 2 Personen • 20 Min. Zubereitung

AVOCADO-TOMATEN-RÜHREI

SCHNELL, SÄTTIGEND, SUPER-LOWCARB

ZUTATEN:
1 kleine Avocado (ca. 200 g)
2 TL Zitronensaft
100 g Kirschtomaten
4 Frühlingszwiebeln
4 Eier (M)
3 EL Milch
Salz, Pfeffer
2 Msp. Chiliflocken
2 EL Olivenöl
4 EL körniger Frischkäse

NÄHRWERTE PRO PORTION:
ca. 491 kcal
22 g Eiweiß
42 g Fett
6 g Kohlenhydrate
6 g Ballaststoffe

1 Die Avocado halbieren, den Kern herauslösen, das Fruchtfleisch mit einem Löffel aus der Schale heben und ca. 1 cm groß würfeln. Mit dem Zitronensaft beträufeln. Tomaten waschen und halbieren. Frühlingszwiebeln waschen, putzen, das Weiße und Hellgrüne schräg in ca. 2 cm lange Stücke schneiden, das Dunkelgrüne in feine Ringe schneiden. Eier mit Milch, Salz, Pfeffer und Chiliflocken verquirlen.

2 Das Öl in einer Pfanne erhitzen. Die weißen und hellgrünen Zwiebelstücke darin ca. 2 Min. andünsten. Tomaten zufügen und ca. 1 Min. mitdünsten. Die Eimasse dazugeben, bei mittlerer Hitze kurz stocken lassen. Dann mit einem Teigspatel von außen nach innen zusammenschieben und unter gelegentlichem Schieben ca. 3 Min. braten, bis die Masse leicht gestockt ist. Avocadowürfel unterheben. Das Rührei mit je 2 EL Frischkäse anrichten und mit den Frühlingszwiebelringen bestreut servieren.

VARIANTE:
Statt körnigem Frischkäse können Sie zum Rührei auch 2 dünne Scheiben luftgetrockneten Schinken pro Portion servieren.

Für 2 Personen • 25 Min. Zubereitung

GEBRATENER GEMÜSE-TOFU

VEGANES »RÜHREI«

ZUTATEN:
200 g Tofu
1 kleiner Zucchino (ca. 100 g)
1 rote Spitzpaprika (ca. 80 g)
2 Schalotten
1 EL hochwertiges Rapsöl
1 TL dunkles Sesamöl
1 TL gemahlene Kurkuma
100 g Seidentofu (Bioladen)
Salz, Pfeffer
1 TL Sojasauce
¼ Bund Schnittlauch

NÄHRWERTE PRO PORTION:
ca. 234 kcal
15 g Eiweiß
16 g Fett
8 g Kohlenhydrate
3 g Ballaststoffe

1 Den Tofu trocken tupfen und fein würfeln. Zucchino waschen, putzen, längs vierteln und in ca. ½ cm große Würfel schneiden. Die Paprika halbieren, weiße Trennwände und Kerne entfernen, die Hälften waschen und ebenfalls klein würfeln. Die Schalotten schälen und fein würfeln.

2 Das Raps- und Sesamöl in einer beschichteten Pfanne erhitzen. Die Schalotten darin bei mittlerer Hitze 2–3 Min. andünsten. Den Tofu dazugeben, mit Kurkuma bestäuben und unter Wenden leicht anbraten. Zucchini, Paprika und Seidentofu in die Pfanne geben und alles 2–3 Min. weiterbraten, bis die Flüssigkeit fast vollständig verdampft ist. Mit Salz, Pfeffer und der Sojasauce würzen. Den Schnittlauch abbrausen, trocken schütteln und in feine Röllchen schneiden.

3 Den Gemüse-Tofu auf Tellern anrichten und mit dem Schnittlauch bestreut servieren.

CHAMPIGNON-KÄSE-OMELETT

REICH AN VITAMIN D

ZUTATEN:
200 g kleine weiße Champignons
1 rote Zwiebel
1 Knoblauchzehe
4 Stängel Petersilie
½ Bund Schnittlauch
50 g mittelalter Gouda
1 Bio-Zitrone
5 Eier (M)
4 EL Kochsahne (15 % Fett)
Salz, Pfeffer
2 EL hochwertiges Rapsöl

NÄHRWERTE PRO PORTION:
ca. 431 kcal
28 g Eiweiß
33 g Fett
5 g Kohlenhydrate
3 g Ballaststoffe

1 Die Pilze putzen und in dünne Scheiben schneiden. Die Zwiebel schälen, halbieren und in feine Streifen schneiden. Knoblauchzehe schälen und fein würfeln. Die Kräuter waschen, trocken schütteln, Petersilienblätter abzupfen und fein hacken, Schnittlauch in feine Röllchen schneiden. Den Käse raspeln. Die Zitrone heiß waschen, abtrocknen und ½ TL Schale abreiben.

2 Die Eier mit der Sahne verquirlen, mit Salz, Pfeffer und Zitronenschale würzen. Die Petersilie, die Hälfte der Schnittlauchröllchen und zwei Drittel vom Käse unterrühren. Das Öl in einer beschichteten Pfanne erhitzen, die Pilze darin bei großer Hitze ca. 5 Min. braten. Zwiebel und Knoblauch zufügen und bei mittlerer Hitze 3–4 Min. mitbraten, mit Salz und Pfeffer würzen.

3 Die Eiermischung über die Pilze gießen, bei mittlerer Hitze ca. 2 Min. stocken lassen. Dann mit dem übrigen Käse bestreuen und das Omelett zugedeckt 3–5 Min. garen, bis das Ei vollständig gestockt ist. Mit dem restlichen Schnittlauch bestreut servieren.

SHAKSHUKA MIT FETA

POWER-MAHLZEIT AUS ISRAEL

ZUTATEN:

1 Zwiebel, 1 Knoblauchzehe
250 g Tomaten
50 g Schafskäse (Feta)
1 Bund Petersilie
2 EL Olivenöl
½ TL Chiliflocken
1 TL gemahlener Kreuzkümmel
400 g stückige Tomaten (Dose)
Salz, Pfeffer
4 Eier (M)

NÄHRWERTE PRO PORTION:

ca. 418 kcal
23 g Eiweiß
28 g Fett
14 g Kohlenhydrate
5 g Ballaststoffe

1 Die Zwiebel und die Knoblauchzehe schälen und fein würfeln. Die Tomaten waschen, vom Stielansatz befreien und in kleine Würfel schneiden. Den Schafskäse zerbröckeln oder klein würfeln. Die Petersilie abbrausen, trocken schütteln, Blätter abzupfen und hacken.

2 Das Öl in einer beschichteten Pfanne erhitzen. Die Zwiebel darin bei mittlerer Hitze glasig dünsten. Den Knoblauch, Chiliflocken, Kreuzkümmel, frische und stückige Tomaten zugeben. Alles vermengen, aufkochen und offen bei mittlerer Hitze ca. 10 Min. einkochen lassen, dabei ab und zu umrühren. Mit Salz und Pfeffer würzen.

3 Mit einem Esslöffel vier Vertiefungen in die Masse drücken, die Eier dorthinein aufschlagen. Temperatur reduzieren, den Feta und die Petersilie auf das Gemüse geben. Die Shakshuka zugedeckt 5 Min. schmoren, bis die Eier gestockt sind. In der Pfanne servieren.

TIPP:
So wird aus dem Frühstücksrezept eine sättigende Mahlzeit: 200 g gegarte Kichererbsen mit den Tomaten in die Pfanne geben.

Für 1 Brot (16 Scheiben) • 20 Min. Zubereitung • 3 Std. Quellen • 70 Min. Backen (plus Zeit zum Abkühlen)

MANDEL-NUSS-BROT

GLUTENFREI, VEGAN

ZUTATEN:
40 g Walnusskerne
40 g Haselnusskerne
150 g Mandelmehl (s. Tipp)
90 g Leinsamen
140 g Sonnenblumenkerne
40 g Flohsamenschalen
20 g geschroteter Leinsamen
Salz
3 EL hochwertiges Rapsöl

AUSSERDEM:
Kastenform (Länge ca. 25 cm)

NÄHRWERTE PRO SCHEIBE:
ca. 164 kcal
9 g Eiweiß
13 g Fett
2 g Kohlenhydrate
4 g Ballaststoffe

1 Die Kastenform mit Backpapier auslegen. Walnüsse und Haselnüsse grob hacken. Die Nüsse mit dem Mandelmehl, 80 g Leinsamen, Sonnenblumenkernen, Flohsamenschalen, Leinsamenschrot und 1 ½ TL Salz in einer Schüssel gründlich mischen. Das Öl und 350 ml Wasser mit den Rührbesen des Handrührgeräts in mehreren Portionen unterrühren. Die Masse in die vorbereitete Form füllen, gut hineindrücken und abgedeckt ca. 3 Std. quellen lassen.

2 Den Backofen auf 180° vorheizen. Den Teig mit dem restlichen Leinsamen bestreuen und im heißen Ofen (Mitte) ca. 1 Std. 10 Min. backen. Das Brot herausnehmen, in der Form ca. 10 Min. abkühlen lassen, dann aus der Form stürzen und auf einem Gitter vollständig erkalten lassen. Kühl und trocken gelagert, bleibt es bis zu 1 Woche saftig und schmeckt sowohl süß als auch pikant belegt.

INFO:
Mandelmehl besteht aus entölten Mandeln. Es liefert mehr Eiweiß, viele Ballaststoffe und weniger Kohlenhydrate als Getreidemehl.

Für 8 Stück • 20 Min. Zubereitung • 30 Min. Quellen • 20 Min. Backen (plus Zeit zum Abkühlen)

CHIA-QUARKBRÖTCHEN

WENIG CARBS, VIEL BALLASTSTOFFE

ZUTATEN:

20 g Chiasamen
30 g Sonnenblumenkerne
15 g Flohsamenschalen
50 g zarte Dinkelflocken
20 g Kichererbsenmehl
1 Pck. Weinstein-Backpulver
Salz
250 g Magerquark
3 Eier (M)
40 g Kerne-Mix (z. B. Sonnenblumenkerne, Kürbiskerne)

NÄHRWERTE PRO STÜCK:

ca. 152 kcal
11 g Eiweiß
8 g Fett
9 g Kohlenhydrate
2 g Ballaststoffe

1 Die Chiasamen, Sonnenblumenkerne, Flohsamenschalen, Dinkelflocken, Kichererbsenmehl, Backpulver und 1 TL Salz in einer Schüssel gründlich vermischen. Den Quark und die Eier in einer zweiten Schüssel mit den Rührbesen des Handrührgeräts cremig rühren. Die trockenen Zutaten portionsweise zugeben und gut unterrühren. Den Teig zugedeckt ca. 30 Min. quellen lassen.

2 Den Backofen auf 220° vorheizen. Ein Backblech mit Backpapier belegen. Den Teig in 8 Portionen teilen und daraus mit angefeuchteten Händen 8 Brötchen formen. Den Kerne-Mix auf einen Teller geben und die Teigrohlinge darin wenden. Auf das Blech setzen und im heißen Ofen (unten) in 20–25 Min. goldbraun backen. Die Brötchen auf dem Blech abkühlen lassen.

VORRATS-TIPP:

Die Brötchen lassen sich super auf Vorrat backen und abgekühlt einfrieren. Sie dafür portionsweise in Gefrierbeutel verpacken. Gefrorene Brötchen bei Bedarf vollständig auftauen lassen und im auf 150° vorgeheizten Ofen (Mitte) auf dem Rost 8–10 Min. aufbacken.

GRANOLA-MÜSLI MIT KAKAO-NIBS

ENERGIEGELADENE MISCHUNG

Für ca. 700 g (14 Portionen)
20 Min. Zubereitung
25 Min. Backen

ZUTATEN:
1 große reife Banane (ca. 200 g)
1 Vanilleschote
50 g braunes Mandelmus
120 g Mandeln
100 g Haselnusskerne
80 g Kürbiskerne
80 g Sonnenblumenkerne
80 g Kokosraspel
100 g kernige Haferflocken
80 g Kakao-Nibs (Bioladen, Drogeriemarkt; s. Tipp S. xx)

AUSSERDEM:
Dose oder Glas mit fest schließendem Deckel

NÄHRWERTE PRO PORTION:
ca. 294 kcal
8 g Eiweiß
24 g Fett
12 g Kohlenhydrate
5 g Ballaststoffe

1 Den Backofen auf 180° vorheizen. Ein Blech mit Backpapier belegen. Die Banane schälen und in grobe Stücke schneiden. Die Vanilleschote längs aufschneiden und das Mark herauskratzen. Das Vanillemark mit den Bananenstücken und dem Mandelmus in ein hohes Rührgefäß geben und mit dem Pürierstab fein pürieren. Das Bananenpüree in eine Schüssel umfüllen.

2 Die Mandeln, die Haselnusskerne und die Kürbiskerne im Blitzhacker grob hacken. Diese Nussmischung zum Bananenmus geben. Die Sonnenblumenkerne, Kokosraspel und Haferflocken zugeben und alles gut vermengen.

3 Die Nussmischung auf dem vorbereiteten Backblech verteilen. Im heißen Ofen (unten; Umluft nicht empfehlenswert) ca. 25 Min. rösten. Dabei mehrmals mit einem Holzlöffel wenden und mischen, damit alle Zutaten gleichmäßig rösten. Das Blech aus dem Ofen nehmen und das Müsli auf dem Blech vollständig abkühlen lassen.

4 Die Kakao-Nibs untermischen. Das Granola-Müsli in die Dose oder das Glas füllen und fest verschlossen trocken und kühl aufbewahren. Es hält sich ca. 4 Wochen.

TIPP:
Rechnen Sie pro Portion ca. 50 g Granola-Müsli und servieren Sie es mit Joghurt, Dickmilch, Kefir oder Schwedenmilch und gemischten frischen Beeren.

BATTERWHIP
Curved to fit
the Bowl

KALTE SPARGELSUPPE MIT GARNELEN

MIT VIELEN BALLASTSTOFFEN

Für 2 Personen
35 Min. Zubereitung
1 Std. 30 Min. Kühlen

ZUTATEN:
150 g grüner Spargel
250 ml Gemüsebrühe
100 g Zucchino
75 g Bärlauch (s. Tipp)
1 kleine Avocado (ca. 200 g)
1 EL Zitronensaft
100 ml eiskaltes Wasser
Salz, Pfeffer
8 rohe, geschälte Riesengarnelen (frisch oder TK, aufgetaut)
3 EL Olivenöl

AUSSERDEM:
2 Schaschlikspieße

NÄHRWERTE PRO PORTION:
ca. 383 kcal
15 g Eiweiß
34 g Fett
4 g Kohlenhydrate
7 g Ballaststoffe

1 Den Spargel waschen, im unteren Drittel schälen, Schnittstellen nachschneiden, den Spargel in Stücke schneiden. In einem Topf die Brühe aufkochen und die Spargelstücke darin in ca. 10 Min. bissfest kochen. Den Spargel aus dem Fond heben, Spargel und Fond ca. 30 Min. abkühlen lassen.

2 Inzwischen den Zucchino waschen, putzen und grob würfeln. Den Bärlauch waschen, verlesen, grobe Stiele entfernen, die Blätter grob hacken. Die Avocado längs halbieren, den Kern herauslösen, das Fruchtfleisch aus der Schale heben und in den Mixer oder in ein hohes Rührgefäß geben. Sofort mit dem Zitronensaft beträufeln.

3 Den gegarten Spargel mit der Hälfte vom Bärlauch, mit dem Zucchino und dem eiskalten Wasser zur Avocado geben und das Ganze im Mixer oder mit dem Pürierstab fein pürieren. Den abgekühlten Spargelfond (ca. 100 ml) dazugießen und die Suppe nach Belieben durch ein Sieb passieren. Mit Salz und Pfeffer abschmecken und ca. 60 Min. kalt stellen.

4 Kurz vor dem Servieren die Garnelen abbrausen, trocken tupfen und auf 2 Spieße stecken. In einer Pfanne 1 EL Öl erhitzen, die Garnelen darin in ca. 5 Min. braten, leicht salzen und pfeffern.
2 EL Olivenöl mit dem übrigen Bärlauch fein pürieren und auch das Bärlauchöl salzen und pfeffern.

5 Die kalte Suppe in tiefen Tellern oder Schalen anrichten, mit dem Bärlauchöl beträufeln und mit je 1 Garnelenspieß servieren.

TAUSCH-TIPP:
Außerhalb der Saison können Sie statt Bärlauch auch sehr gut Baby-Spinat, Feldsalat oder Rucola für das Gazpacho verwenden.

BLITZ-GAZPACHO

LAKTOSEFREI

ZUTATEN:
2 Schalotten
½ Salatgurke (ca. 200 g)
1 gelbe Spitzpaprika (ca. 80 g)
1 kleine rote Chilischote
½ Scheibe Vollkorntoast
2 EL Olivenöl
500 ml eiskalter Tomatensaft
Salz, Pfeffer
¼ TL edelsüßes Paprikapulver
3 Stängel Koriandergrün

NÄHRWERTE PRO PORTION:
ca. 173 kcal
4 g Eiweiß
11 g Fett
13 g Kohlenhydrate
2 g Ballaststoffe

1 Die Schalotten schälen und würfeln. Die Gurke waschen, putzen, abtrocknen und etwa ein Viertel abschneiden. Dieses Gurkenstück längs halbieren, entkernen und klein würfeln. Die Spitzpaprika halbieren, weiße Trennwände und Kerne entfernen, die Hälften waschen und ca. 30 g Paprika klein würfeln. Die Gurken- und Paprikawürfel mischen und beiseitestellen.

2 Die übrige Gurke schälen und ebenso wie die restliche Paprika in grobe Stücke schneiden. Die Chilischote halbieren, Kerne entfernen, die Hälften waschen und würfeln. Das Toastbrot entrinden und würfeln. Gurke, Paprika, Chili und Toast in den Mixer oder in ein hohes Rührgefäß geben. Schalotten, Öl und Tomatensaft dazugeben und alles im Mixer oder mit dem Pürierstab fein pürieren. Mit Salz, Pfeffer und Paprikapulver würzen. Die Suppe abgedeckt ca. 30 Min. kalt stellen.

3 Vor dem Servieren das Gazpacho in Gläser oder Schalen füllen, die beiseitegestellten Gurken- und Paprikawürfel darüberstreuen. Das Koriandergrün abbrausen, trocken schütteln, die Blätter abzupfen. Die Suppe mit dem Koriandergrün bestreut servieren.

Für 2 Personen • 20 Min. Zubereitung • 30 Min. Kühlen

GURKEN-JOGHURTSUPPE

GLUTENFREI

ZUTATEN:
1 kleine Knoblauchzehe
½ Salatgurke (ca. 200 g)
400 g Joghurt griechischer Art (10 % Fett)
2 EL Zitronensaft
4 Stängel Dill
Salz, Pfeffer
2 Tomaten
30 g Walnusskerne
2 EL Olivenöl

NÄHRWERTE PRO PORTION:
ca. 451 kcal
10 g Eiweiß
39 g Fett
16 g Kohlenhydrate
2 g Ballaststoffe

1 Die Knoblauchzehe schälen und grob zerteilen. Die Gurke putzen, schälen und grob würfeln. Mit dem Knoblauch in den Mixer oder in ein hohes Rührgefäß geben. Joghurt und Zitronensaft zugeben und alles im Mixer oder mit dem Pürierstab fein pürieren. Falls die Suppe zu dickflüssig ist, etwas Wasser untermixen. Den Dill abbrausen, trocken schütteln, die Blättchen grob hacken. Die Hälfte vom Dill unterrühren, die Suppe mit Salz und Pfeffer würzen und ca. 30 Min. kalt stellen.

2 Inzwischen die Tomaten waschen, vom Stielansatz befreien, vierteln, entkernen und in kleine Würfel schneiden. Die Walnusskerne hacken, mit den Tomatenwürfeln mischen und mit Pfeffer würzen.

3 Die kalte Suppe in Schalen oder tiefen Tellern anrichten. Mit der Tomaten-Nuss-Mischung und dem übrigen Dill bestreuen und mit dem Öl beträufelt servieren.

TO-GO-TIPP:
Zum Mitnehmen Suppe und Topping am besten separat verpacken und erst vor Ort anrichten. So bleibt alles frisch und appetitlich.

Für 2 Personen • 25 Min. Zubereitung

KRÄUTER-BLUMENKOHLSALAT

ROHKÖSTLICH UND PUR

ZUTATEN:

450 g Blumenkohl
30 g Cashewkerne
½ Bund gemischte Kräuter (z. B. Petersilie, Dill, Minze)
½ rote Paprika
½ gelbe Paprika
3 EL Zitronensaft
Salz, Pfeffer
½ TL gemahlener Kreuzkümmel
3 EL Olivenöl
100 g Schafskäse (Feta)

NÄHRWERTE PRO PORTION:

ca. 408 kcal
17 g Eiweiß
32 g Fett
12 g Kohlenhydrate
7 g Ballaststoffe

1 Den Blumenkohl waschen, putzen und in Röschen teilen. Cashewkerne grob hacken. Beides zusammen in der Küchenmaschine oder im Blitzhacker in mehreren Portionen reiskorngroß zerkleinern (nicht zu fein, sonst wird der Blumenkohl musig). In eine Schüssel geben.

2 Die Kräuter abbrausen, trocken schütteln, die Blätter abzupfen, fein hacken und unter den Blumenkohl mischen. Von den Paprikahälften weiße Trennwände und Kerne entfernen, Paprika waschen und in kleine Würfel schneiden, zum Blumenkohl geben.

3 Für das Dressing den Zitronensaft mit Salz, Pfeffer, Kreuzkümmel und Olivenöl verrühren, unter den Blumenkohl mischen. Den Salat mit Salz und Pfeffer abschmecken. Feta zerbröckeln, obenauf streuen.

TIPP:

Der Rohkostsalat ist ideal zum Mitnehmen. Ihn dazu am Vorabend zubereiten und in einem Transportgefäß über Nacht im Kühlschrank durchziehen lassen. Schmeckt auch gut mit gebratenen Lammkoteletts oder Hähnchenbrustfilet.

Für 2 Personen • 25 Min. Zubereitung • 10 Min. Backen

FENCHELSALAT MIT KÄSE-BIRNEN

FITMACHER MIT VITAMIN C

ZUTATEN:
2 reife Birnen (à ca. 160 g)
3 EL Zitronensaft
100 g Blauschimmelkäse
2 Fenchelknollen (à ca. 250 g)
1 Möhre
40 g Walnusskerne
100 g Joghurt (1,5 % Fett)
1 EL Olivenöl
Salz, Cayennepfeffer

AUSSERDEM:
ofenfeste Form (ca. 15 × 20 cm)

NÄHRWERTE PRO PORTION:
ca. 530 kcal
16 g Eiweiß
40 g Fett
27 g Kohlenhydrate
11 g Ballaststoffe

1 Die Birnen waschen, längs halbieren, das Kerngehäuse entfernen, die Birnenhälften in die ofenfeste Form setzen, mit 1 EL Zitronensaft beträufeln. Den Käse zerbröckeln, in die Birnen füllen. Den Backofen auf 200° vorheizen.

2 Für den Salat von den Fenchelknollen das Grün abschneiden und beiseitelegen. Fenchel putzen, vierteln und den Strunk entfernen. Fenchel quer in sehr feine Streifen hobeln, diese mit ½ TL Salz in einer Schüssel mischen und mit den Händen ca. 2 Min. kräftig durchkneten. Die Möhre schälen und grob raspeln. Die Walnusskerne fein hacken. Das Fenchelgrün abbrausen, trocken schütteln und hacken.

3 Für das Dressing den Joghurt mit dem restlichen Zitronensaft und Öl glatt rühren, mit Salz und Cayennepfeffer würzen. Fenchel, Möhre, Nüsse und gehacktes Fenchelgrün zugeben und untermischen. Die Birnen im heißen Ofen (Mitte) ca. 10 Min. überbacken. Den Fenchelsalat abschmecken und mit den gratinierten Birnen anrichten.

BUNTER QUINOA-SALAT

BLUTZUCKER IN BALANCE

Für 2 Personen
40 Min. Zubereitung

ZUTATEN:

50 g rote Quinoa
Salz
250 g grüner Spargel
100 g Radieschen
1 rosa Grapefruit
½ Avocado
3 EL Zitronensaft
1 kleiner Radicchio (ca. 100 g)
1 Büffelmozzarella (125 g)
1 TL Dijon-Senf
1 TL flüssiger Honig
Pfeffer
3 EL Olivenöl

NÄHRWERTE PRO PORTION:

ca. 553 kcal
16 g Eiweiß
41 g Fett
26 g Kohlenhydrate
8 g Ballaststoffe

1 Die Quinoa kalt abspülen und gut abtropfen lassen. In einem kleinen Topf mit 125 ml Salzwasser aufkochen und zugedeckt bei kleiner Hitze ca. 20 Min. köcheln lassen. Von der Kochstelle nehmen, eventuell überstehendes Wasser abgießen. Quinoa abkühlen lassen.

2 Inzwischen den Spargel waschen, im unteren Drittel schälen, Schnittstellen nachschneiden, die Stangen schräg in 3–4 cm breite Stücke schneiden. In kochendem Salzwasser ca. 4 Min. garen, abgießen und abtropfen lassen. Die Radieschen waschen, putzen und in feine Scheiben schneiden. Die Grapefruit samt der weißen Haut wie einen Apfel bis ins Fruchtfleisch schälen, die Filets zwischen den Trennhäuten herausschneiden und den austretenden Saft dabei auffangen. Die übrigen Trennwände auspressen, den Saft auffangen. Von der Avocadohälfte das Fruchtfleisch aus der Schale heben und würfeln. Sofort mit 1 EL Zitronensaft beträufeln. Radicchio putzen, vierteln, vom Strunk befreien und in ca. 1 cm breite Streifen schneiden. Den Mozzarella abtropfen lassen und grob zerzupfen.

3 Für die Vinaigrette den Grapefruitsaft mit dem übrigen Zitronensaft, Senf, Honig, Salz und Pfeffer in einer großen Schüssel verrühren. Das Öl unterschlagen. Die Quinoa zur Vinaigrette geben und untermischen. Spargel, Radieschen, Grapefruitfilets, Avocado und Radicchio zugeben und unterheben. Mit Salz und Pfeffer abschmecken, mit dem Mozzarella bestreut servieren.

INFO:
Quinoa enthält viel Eiweiß und Ballaststoffe, aber mit 17 g pro 100 g gekochter Körner nur wenig Kohlenhydrate. Daher machen sich die getreideähnlichen Samen in Maßen gut in der Low-Carb-Küche.

Für 2 Personen • 25 Min. Zubereitung • 12 Std. Kühlen

LINSEN-SCHICHTSALAT

REICH AN KALIUM UND EISEN

ZUTATEN:

1 Dose Linsen (265 g Abtropfgewicht)
1 große Möhre
1 rote Spitzpaprika (ca. 80 g)
2 Frühlingszwiebeln
1 Mini-Romanasalat (ca. 150 g)
2 EL mildes Ajvar (Paprikamus)
3 EL Weißweinessig
Salz, Pfeffer, 4 EL Olivenöl
1 kleine Avocado (ca. 200 g)

NÄHRWERTE PRO PORTION:

ca. 503 kcal
13 g Eiweiß
40 g Fett
23 g Kohlenhydrate
8 g Ballaststoffe

1 Die Linsen in ein Sieb geben, kalt abbrausen und gut abtropfen lassen. Die Möhre putzen, schälen und grob raspeln. Spitzpaprika halbieren, weiße Trennwände und Kerne entfernen, die Hälften waschen und quer in feine Streifen schneiden. Frühlingszwiebeln waschen, putzen und in feine Ringe schneiden. Den Salat zerteilen, die Blätter waschen, putzen, trocken schleudern und in ca. ½ cm breite Streifen schneiden.

2 Für das Dressing das Ajvar mit 2 EL Wasser, Essig, Salz, Pfeffer und Olivenöl verrühren. Das Dressing auf zwei Gläser verteilen. Linsen zufügen, dann nacheinander Paprika, Möhren, Frühlingszwiebeln und Salatstreifen daraufschichten.

3 Die Avocado halbieren, den Kern herauslösen, das Fruchtfleisch aus der Schale heben, klein würfeln. Avocado auf dem Salat verteilen. Die Gläser verschließen und für mindestens 12 Stunden bzw. über Nacht in den Kühlschrank stellen. Der Salat hält gekühlt mindestens 2 Tage. Zum Essen den Linsensalat auf Teller stürzen und gut mischen.

Für 2 Personen • 30 Min. Zubereitung • 25 Min. Garen • 20 Min. Marinieren

ANTIPASTI-GEMÜSE MIT BOHNENKERNEN

FEEL-GOOD-REZEPT

ZUTATEN:

1 rote Paprika
1 Aubergine (ca. 300 g)
150 g junge Zucchini
1 Knoblauchzehe
6 Zweige Thymian
3 EL Olivenöl, Salz, Pfeffer
2 EL Aceto balsamico
1 Dose weiße Riesenbohnen (250 g Abtropfgewicht)
100 g Ricotta

NÄHRWERTE PRO PORTION:

ca. 366 kcal
14 g Eiweiß
23 g Fett
22 g Kohlenhydrate
12 g Ballaststoffe

1 Den Backofen auf 220° vorheizen. Ein Backblech mit Backpapier belegen. Die Paprika längs vierteln, weiße Trennwände und Kerne entfernen, die Hälften waschen und quer in ca. 2 cm breite Streifen schneiden. Die Aubergine und Zucchini waschen, putzen und abtrocknen. Die Aubergine längs vierteln und quer in ca. 2 cm breite Stücke schneiden, die Zucchini quer in ca. 1 cm breite Scheiben teilen.

2 Knoblauch schälen und fein würfeln. Thymian abbrausen, die Blättchen abzupfen und hacken. In einer Schüssel das Öl mit dem Knoblauch und dem Thymian verrühren, mit Salz und Pfeffer würzen. Das Gemüse darin wenden und auf dem Blech verteilen. Im heißen Ofen (unten) 20–25 Min. braten, zwischendurch wenden.

3 Den Aceto balsamico mit 2 EL Wasser verrühren, über das gebratene Gemüse träufeln und dieses mindestens 20 Min. marinieren. Inzwischen die Bohnen in ein Sieb abgießen, kalt abbrausen und abtropfen lassen. Die Bohnen nach der Marinierzeit unter das Gemüse mischen, das Ganze mit Salz und Pfeffer abschmecken. Vom Ricotta Flöckchen abstechen, obenauf setzen und das Gericht servieren.

Für 2 Personen • 30 Min. Zubereitung • 15 Min. Ruhen

HÜTTENKÄSETALER MIT AJVAR-DIP

REICH AN EIWEISS

ZUTATEN:
200 g körniger Frischkäse
40 g Dinkelmehl (Type 1050)
15 g Flohsamenschalen
½ Bund Schnittlauch
6 Stängel Petersilie
1 rote Spitzpaprika (ca. 80 g)
Salz, Pfeffer
2 EL Olivenöl
1 Tomate
50 g Ajvar (Paprikamus)
2 TL Zitronensaft

NÄHRWERTE PRO PORTION:
ca. 275 kcal
15 g Eiweiß
14 g Fett
21 g Kohlenhydrate
3 g Ballaststoffe

1 Für die Taler den Frischkäse mit Mehl und Flohsamenschalen in eine Schüssel geben. Die Kräuter abbrausen und trocken schütteln, die Petersilienblätter abzupfen und fein hacken, Schnittlauch in feine Röllchen schneiden. Die Spitzpaprika halbieren, weiße Trennwände und Kerne entfernen, die Hälften waschen und klein würfeln. Kräuter und Paprika zum Frischkäse geben, alles gut miteinander vermengen. Mit Salz und Pfeffer würzen. Den Teig ca. 15 Min. quellen lassen.

2 Aus der Hüttenkäsemasse 6 Taler formen. Das Öl in einer großen beschichteten Pfanne erhitzen, die Hüttenkäsetaler darin bei mittlerer Hitze von beiden Seiten in ca. 10 Min. goldbraun braten. Herausnehmen und auf Küchenpapier kurz abtropfen lassen.

3 Inzwischen für den Ajvar-Dip die Tomate waschen, vom Stielansatz befreien und in kleine Würfel schneiden. Das Ajvar mit dem Zitronensaft verrühren, die Tomatenwürfel untermischen, mit Salz und Pfeffer würzen. Den Dip zu den Hüttenkäsetalern servieren.

Für 2 Personen • 30 Min. Zubereitung • 25 Min. Backen

BROKKOLI-NUSS-BÄLLCHEN AUF SALAT

HIT FÜR KINDER

FÜR DIE BÄLLCHEN:
300 g Brokkoli
30 g Haselnusskerne
70 g Mozzarella
1 Ei (M)
1 EL Vollkorn-Semmelbrösel
½ TL getrockneter Thymian
Salz, Pfeffer
200 g gemischte Blattsalate
2 EL Weißweinessig
½ TL Senf
3 EL Olivenöl

NÄHRWERTE PRO PORTION:
ca. 433 kcal
17 g Eiweiß
35 g Fett
10 g Kohlenhydrate
4 g Ballaststoffe

1 Für die Bällchen den Brokkoli waschen, putzen und die Röschen abschneiden, die Stiele schälen und würfeln. Den Brokkoli portionsweise im Blitzhacker klein hacken. Die Nüsse reiben, den Mozzarella abtropfen lassen und sehr klein würfeln.

2 Den Backofen auf 180° vorheizen. Ein Backblech mit Backpapier auslegen. Den Brokkoli in eine Schüssel geben. Nüsse, Mozzarella, Ei, Semmelbrösel und Thymian dazugeben, salzen und pfeffern. Alles gründlich zu einem Teig vermischen und, am besten mit einem befeuchteten Eisportionierer, aus dem Teig ca. 12 kleine Bällchen formen. Diese auf das Blech legen und im heißen Ofen (Mitte) in ca. 25 Min. goldbraun backen.

3 Inzwischen die Salatblätter waschen und putzen. Den Essig mit Senf, Salz, Pfeffer und Öl verrühren. Das Dressing mit den Salatblättern mischen, den Salat auf Tellern anrichten. Die Brokkolibällchen darauf verteilen und das Gericht servieren.

MÖHREN-KICHERERBSEN-SALAT

ORIENTALISCHES FIT-FOOD

Für 2 Personen
30 Min. Zubereitung
20 Min. Abkühlen

ZUTATEN:
200 g Hähnchenbrustfilet
250 g Möhren
1 kleine rote Zwiebel
120 g Kichererbsen (aus der Dose)
¼ Endiviensalat (ca. 150 g)
½ Bund Petersilie
1 kleiner Granatapfel
4 EL Olivenöl
Salz, Pfeffer
1 TL Harissa (Pulver)
1 EL Weißweinessig
1 TL Honig
1 EL heller Sesam

NÄHRWERTE PRO PORTION:
ca. 512 kcal
30 g Eiweiß
26 g Fett
38 g Kohlenhydrate
8 g Ballaststoffe

1 Das Hähnchenfilet abbrausen, trocken tupfen und in kleine Würfel schneiden. Möhren putzen, schälen und schräg in dünne Scheiben schneiden. Zwiebel schälen, halbieren und in feine Streifen schneiden. Kichererbsen in ein Sieb geben, abbrausen und abtropfen lassen. Den Endiviensalat zerteilen, die Blätter waschen, putzen, trocken schleudern und in mundgerechte Stücke zupfen. Petersilie abbrausen, trocken schütteln, Blätter abzupfen und grob hacken. Den Granatapfel halbieren, eine Hälfte auf der Zitruspresse auspressen, die Kerne aus der zweiten Hälfte des Granatapfels auslösen, von den Häutchen befreien.

2 In einer großen beschichteten Pfanne 2 EL Öl erhitzen. Das Fleisch und die Möhren darin bei mittlerer bis großer Hitze ca. 5 Min. unter Wenden braten. Zwiebel und Kichererbsen zugeben, weitere 5 Min. mitbraten. Mit Salz, Pfeffer und Harissa würzen. Die Pfanne von der Kochstelle nehmen, die Petersilie untermischen und das Ganze in ca. 20. Min. lauwarm abkühlen lassen.

3 Für das Dressing den Essig mit dem Granatapfelsaft, Honig, Salz und Pfeffer verrühren, 2 EL Öl unterschlagen. Den Sesam in einer Pfanne ohne Fett goldbraun rösten, von der Kochstelle nehmen. Den Endiviensalat mit der Hälfte des Dressings mischen, auf zwei Teller verteilen. Das gebratene Gemüse-Hähnchen daraufgeben. Mit dem übrigen Dressing beträufeln. Mit Granatapfelkernen und dem Sesam bestreut servieren.

Für 2 Personen • 35 Min. Zubereitung

SPARGELSALAT MIT ZIEGENKÄSE

LOW-CARB-BISTRO IM SOMMER

ZUTATEN:

2 EL Pinienkerne
½ Kopf Frisée
150 g Erdbeeren
250 g grüner Spargel
4 Ziegenfrischkäsetaler (z. B. Picandou; à ca. 40 g)
4 Scheiben Parmaschinken
2 EL Aceto balsamico
Salz, Pfeffer
3 EL Olivenöl
1 kleine Schalotte

NÄHRWERTE PRO PORTION:

ca. 549 kcal
24 g Eiweiß
42 g Fett
12 g Kohlenhydrate
4 g Ballaststoffe

1 Die Pinienkerne in einer beschichteten Pfanne ohne Fett bei mittlerer Hitze goldbraun rösten. Sofort aus der Pfanne nehmen und abkühlen lassen. Den Frisée zerteilen, die Blätter waschen, putzen, trocken schleudern und in mundgerechte Stücke zupfen. Die Erdbeeren abbrausen, putzen und je nach Größe halbieren oder vierteln. Den Spargel waschen, im unteren Drittel schälen, die Schnittstellen nachschneiden. Die Stangen schräg in ca. 4 cm breite Stücke schneiden.

2 Jeden Ziegenkäsetaler mit 1 Schinkenscheibe umwickeln. Für das Dressing Aceto balsamico, 2 EL Wasser, Salz, Pfeffer und 2 EL Olivenöl verrühren. Die Schalotte schälen, fein würfeln und untermischen.

3 In einer Pfanne 1 EL Olivenöl erhitzen, den Spargel darin unter Wenden bei mittlerer bis großer Hitze ca. 5 Min. braten. Salzen und pfeffern, herausnehmen und etwas abkühlen lassen. Die Käsepäckchen im verbliebenen Bratfett in der Pfanne auf jeder Seite bei mittlerer Hitze ca. 1 Min. braten. Friséesalat, Spargel und Erdbeeren mit dem Dressing mischen, auf zwei Tellern anrichten. Die Ziegenkäsepäckchen daraufsetzen und den Salat mit den Pinienkernen bestreut servieren.

PFIFFERLING-CAESAR-SALAT

KLASSIKER AUF LOW-CARB-ART

ZUTATEN:
2 EL Salatmayonnaise
150 g Magermilchjoghurt
1 TL Dijon-Senf
1 EL Zitronensaft
Salz, Pfeffer
1 Mini-Romanasalat (ca. 150 g)
125 g Kirschtomaten
150 g Pfifferlinge
1 Knoblauchzehe
30 g Parmesan
8 Scheiben Bacon (ca. 80 g)

NÄHRWERTE PRO PORTION:
ca. 267 kcal
19 g Eiweiß
19 g Fett
10 g Kohlenhydrate
4 g Ballaststoffe

1 Für das Dressing die Mayonnaise mit dem Joghurt, Senf und Zitronensaft glatt rühren, mit Salz und Pfeffer würzen. Den Salat zerteilen, die Blätter waschen, putzen und in mundgerechte Stücke zupfen. Die Tomaten waschen und halbieren. Die Pfifferlinge putzen, mit einem Tuch abreiben, größere Pilze klein schneiden. Die Knoblauchzehe schälen und fein würfeln. Den Käse mit einem Sparschäler in Späne hobeln.

2 Den Bacon in einer großen Pfanne bei mittlerer Hitze von beiden Seiten in 4–5 Min. knusprig braten. Herausnehmen und auf Küchenpapier abtropfen lassen. Die Pilze im heißen Speckfett 5–7 Min. bei mittlerer bis großer Hitze unter Wenden braten, den Knoblauch nach der Hälfte der Bratzeit zufügen. Mit Salz und Pfeffer würzen.

3 Den Blattsalat, Tomaten und Pfifferlinge mit dem Dressing mischen, auf zwei Teller verteilen. Den Bacon in ca. 2 cm breite Stücke schneiden, auf dem Salat verteilen und den Salat mit dem Parmesan bestreut servieren.

SESAM-CHEESEBURGER

DAS ORIGINAL IM NEUEN GEWAND

Für 2 Personen
50 Min. Zubereitung
15 Min. Quellen

FÜR DIE BRÖTCHEN:
100 g Kichererbsenmehl
30 g geschroteter Gold-Leinsamen
15 g Flohsamenschalen
2 TL Weinstein-Backpulver
Salz
125 g Magerquark
1 Ei (L)
2 EL heller Sesam

FÜR DEN BELAG:
300 g Rinderhackfleisch
Pfeffer, Salz
4 kleine Blätter Romanasalat
2 kleine Tomaten
2 TL Olivenöl
2 Scheiben Cheddar
2 EL Tomatenketchup

NÄHRWERTE PRO PORTION:
ca. 723 kcal
57 g Eiweiß
45 g Fett
20 g Kohlenhydrate
6 g Ballaststoffe

1 Für die Brötchen das Kichererbsenmehl mit Leinsamen, Flohsamenschalen, Backpulver und 1 TL Salz in einer Schüssel vermischen. Den Quark, das Ei und 140 ml lauwarmes Wasser verrühren, zu den trockenen Zutaten geben und alles gut verrühren. Den Teig zugedeckt ca. 15 Min. quellen lassen.

2 Den Backofen auf 200° vorheizen. Ein Blech mit Backpapier belegen. Vom Teig mithilfe von zwei Esslöffeln 4 Portionen auf das Blech setzen. Mit dem Sesam bestreuen. Die Brötchen im heißen Ofen (Mitte) in 20–25 Min. goldbraun backen, aus dem Ofen nehmen und auf dem Blech abkühlen lassen.

3 Inzwischen das Rinderhack mit Salz und Pfeffer würzen, gut verkneten und 2 flache Patties formen. Diese abgedeckt kalt stellen. Die Salatblätter waschen, putzen und trocken tupfen. Die Tomaten waschen, vom Stielansatz befreien und quer in Scheiben schneiden. Das Öl in die Pfanne geben und erhitzen. Die Patties darin bei mittlerer bis großer Hitze von jeder Seite 2–3 Min. hellbraun braten, nach dem Wenden sofort mit je 1 Scheibe Käse belegen.

4 2 Brötchen (die übrigen Brötchen einfrieren) waagrecht halbieren und die Unterseiten mit Ketchup bestreichen. Mit Salat, Tomaten und Patties belegen. Die oberen Brötchenhälften aufsetzen und die Cheeseburger sofort servieren.

VARIANTE:
Für Lachs-Burger 2 EL Frischkäse und 1 EL Joghurt mit 1 TL Senf und 1 EL gehacktem Dill verrühren. 300 g Lachsfilet (ohne Haut) salzen, pfeffern und in einer heißen Pfanne mit 1 EL Olivenöl von jeder Seite ca. 2 Min. braten. Brötchenhälften mit Dillcreme bestreichen, mit Salat und Fisch belegen.

Für 2 Personen • 45 Min. Zubereitung

SPINAT-FRITTATA MIT SCHINKEN

MIT VITAMIN E UND B 12

ZUTATEN:
50 g Baby-Blattspinat
5 Eier (M)
50 g Mascarpone
½ TL Paprikapulver
Salz, Pfeffer
6 Kirschtomaten
1 Knoblauchzehe
30 g italienischer Hartkäse
2 EL Olivenöl
100 g Erbsen (TK-Ware)
6 Scheiben Parmaschinken

NÄHRWERTE PRO PORTION:
ca. 607 kcal
36 g Eiweiß
46 g Fett
10 g Kohlenhydrate
4 g Ballaststoffe

1 Den Spinat verlesen, waschen und trocken schleudern, eine kleine Handvoll beiseitelegen. Den übrigen Spinat grob hacken, die Hälfte davon mit den Eiern in ein hohes Rührgefäß geben und mit dem Pürierstab glatt pürieren. Mascarpone zugeben, mit Paprikapulver, Salz und Pfeffer würzen und alles nochmals kurz durchmixen.

2 Den Backofen auf 200° vorheizen. Die Tomaten waschen. Die Knoblauchzehe schälen und fein würfeln. Den Käse mit einem Sparschäler in Späne hobeln. Das Öl in einer Pfanne (∅ 24 cm) erhitzen. Die Erbsen darin bei mittlerer Hitze ca. 3 Min. andünsten, Knoblauch und Tomaten zufügen und kurz mitdünsten. Die Eier-Spinat-Masse über das Gemüse gießen, den übrigen gehackten Spinat darauf verteilen. Die Frittata zugedeckt bei mittlerer Hitze ca. 10 Min. garen, bis die Eier gestockt sind.

3 Die Frittata herausnehmen, in Stücke schneiden. Mit den Käsespänen und dem zurückbehaltenen Spinat belegen und mit dem Schinken servieren. Nach Belieben warm oder kalt servieren.

Für 2 Personen • 35 Min. Zubereitung

HACKFLEISCH-WRAPS MIT AVOCADO

FINGERFOOD FÜR LOW-CARBLER

ZUTATEN:
1 Frühlingszwiebel
1 EL Olivenöl
250 g Rinderhackfleisch
Salz, Pfeffer
1 Tomate
80 g Eisbergsalat
1 Avocado
1 EL Limettensaft
100 g griech. Joghurt (10 % Fett)
Chiliflocken
2 Wrap-Tortillafladen

NÄHRWERTE PRO PORTION:
ca. 709 kcal
36 g Eiweiß
47 g Fett
34 g Kohlenhydrate
6 g Ballaststoffe

1 Die Frühlingszwiebel waschen, putzen und klein würfeln. Das Öl in einer Pfanne erhitzen, das Hackfleisch darin bei mittlerer Hitze unter Wenden in ca. 5 Min. braun und krümelig braten. Die Frühlingszwiebel zufügen, kurz mitdünsten. Das Hackfleisch mit Salz und Pfeffer würzen, auf einem Teller abkühlen lassen.

2 Die Tomate waschen, vom Stielansatz befreien und klein würfeln. Salat zerteilen, die Blätter waschen, putzen und in feine Streifen schneiden. Avocado längs halbieren, den Kern herauslösen, das Fruchtfleisch aus der Schale heben und in einer Schüssel mit dem Limettensaft fein zerdrücken. Den Joghurt untermischen, mit Salz, Pfeffer und Chiliflocken kräftig würzen.

3 Die Tortillafladen mit je einem Viertel der Avocadocreme bestreichen. Hackfleisch, Tomatenwürfel und Salat darauf verteilen. Die seitlichen Ränder der Fladen über die Füllung klappen und die Wraps von unten beginnend fest einrollen. In Frischhaltefolie wickeln. Zum Servieren die Wraps mit einem scharfen Messer schräg halbieren, die Folie entfernen. Die Wraps mit dem übrigen Avocadopüree servieren.

BLUMENKOHL-»REIS« MIT LACHS

SUPERFOOD-LUNCH

Für 2 Personen
40 Min. Zubereitung
30 Min. Abkühlen

ZUTATEN:

400 g Blumenkohl
Salz
25 g Rauchmandeln (ersatzweise Mandeln)
50 g Baby-Blattspinat
4 Radieschen
1 Minigurke
150 g Stremellachs (Kühlregal)
2 EL Weißweinessig
1 TL geriebener Meerrettich (aus dem Glas)
Salz, Pfeffer
2 EL Olivenöl
4 Stängel Basilikum

NÄHRWERTE PRO PORTION:

ca. 446 kcal
29 g Eiweiß
33 g Fett
7 g Kohlenhydrate
6 g Ballaststoffe

1 Den Blumenkohl waschen, putzen und in Röschen teilen. Diese im Blitzhacker oder in einer Küchenmaschine in mehreren Portionen reiskorngroß zerkleinern (nicht zu fein, sonst wird der Blumenkohl musig). Den Blumenkohl in einem Topf mit 50 ml leicht gesalzenem Wasser bei kleiner bis mittlerer Hitze zugedeckt ca. 10 Min. dünsten.

2 Inzwischen die Mandeln grob hacken. Den Spinat verlesen, waschen und gut abtropfen lassen. Die Radieschen waschen, putzen und in feine Scheiben schneiden. Die Gurke waschen, putzen, abtrocknen und in dünne Scheiben schneiden. Den Lachs enthäuten und mit einer Gabel in Stücke zupfen.

3 Den Blumenkohl von der Kochstelle nehmen und in ca. 30 Min. lauwarm abkühlen lassen. Für das Dressing den Essig mit dem Meerrettich, Salz, Pfeffer und Öl verrühren. Das Basilikum abbrausen, trocken schütteln, die Blätter abzupfen und die Hälfte davon fein hacken. Mit dem Dressing zum Blumenkohl-»Reis« geben und gut vermischen. Den Blumenkohl-»Reis« auf zwei große Schalen verteilen. Spinat, Radieschen, Gurke und Stremellachs darauf anrichten und mit den gehackten Mandeln bestreuen. Mit den Basilikumblättern garnieren.

GUT ZU WISSEN:

Fein zerkleinert kann man Blumenkohl wie Reis verwenden. Sein Plus: Im Gegensatz zu Reiskörnern mit einem Kohlenhydratanteil von 30 % enthält Blumenkohl weniger als 3 % Kohlenhydrate.

CEVICHE VON DER FORELLE

FRISCHER VITAMIN-KICK

Für 2 Personen
30 Min. Zubereitung
60 Min. Marinieren

ZUTATEN:

2 Limetten
½ Orange
1 rote Chilischote
Salz
4 sehr frische Forellenfilets (ca. 250 g; ohne Haut und Gräten)
1 kleine rote Zwiebel
1 große Tomate (ca. 100 g)
1 gelbe Spitzpaprika (ca. 80 g)
1 Avocado
4 Stängel Koriandergrün
2 EL Olivenöl
Pfeffer
2 EL Crème légère (15 % Fett)

NÄHRWERTE PRO PORTION:

ca. 485 kcal
28 g Eiweiß
36 g Fett
8 g Kohlenhydrate
8 g Ballaststoffe

1 Die Limetten und die Orangenhälfte auspressen. Chilischote halbieren, Kerne entfernen, die Hälften waschen und klein würfeln, mit Limetten- und Orangensaft sowie ½ TL Salz verrühren. Die Forellenfilets abbrausen, trocken tupfen und das Filet schräg in sehr dünnen Scheiben von der Haut schneiden. In eine Schale legen, die Chilimarinade darüberträufeln und den Fisch abgedeckt im Kühlschrank 1–2 Std. marinieren.

2 Ca. 30 Min. vor dem Servieren die Zwiebel schälen und fein würfeln. Die Tomate vom Stielansatz befreien, mit kochendem Wasser überbrühen, im Wasser kurz ziehen lassen, abschrecken, häuten und in kleine Würfel schneiden. Die Paprika halbieren, weiße Trennwände und Kerne entfernen, die Hälften waschen und in feine Würfel schneiden. Die Avocado längs halbieren, den Kern herauslösen, das Fruchtfleisch mit einem Löffel aus der Schale heben und quer in dünne Scheiben schneiden. Koriandergrün abbrausen, trocken schütteln, die Blätter abzupfen und die Hälfte davon grob hacken.

3 Zwiebel, Paprika, Tomate, Avocado und gehacktes Koriandergrün vorsichtig mit dem marinierten Fisch mischen. Mit Olivenöl beträufeln, salzen und pfeffern. Die Ceviche auf zwei Tellern mit je einem Klecks Crème légère anrichten und mit dem übrigen Koriander bestreut servieren.

TAUSCH-TIPP:

Für die Ceviche eignen sich auch andere festfleischige Fische, z. B. Seefische wie Wolfsbarsch, Steinbutt oder Dorade, aber auch Zander oder Saibling. Doch die Ware muss unbedingt ganz frisch sein, weil der Fisch roh mariniert gegessen wird.

NIZZASALAT MIT THUNFISCH

SOMMER-VITAL-KOST

ZUTATEN:
2 EL Weißweinessig
4 EL Gemüsebrühe
Salz, Pfeffer
3 EL Olivenöl
2 Frühlingszwiebeln
1 kleiner Kohlrabi (ca. 250 g)
200 g kleine Pellkartoffeln
120 g Thunfisch, natur (Dose)
2 Tomaten
4 Kopfsalatblätter
40 g schwarze Oliven mit Stein

NÄHRWERTE PRO PORTION:
ca. 417 kcal
18 g Eiweiß
29 g Fett
20 g Kohlenhydrate
5 g Ballaststoffe

1 Essig und Brühe in einer Schüssel mit Salz, Pfeffer und Öl zu einer Vinaigrette rühren. Frühlingszwiebeln waschen, putzen und in sehr feine Ringe schneiden und unter das Dressing rühren.

2 Den Kohlrabi putzen, schälen und in ca. 1 cm breite Spalten schneiden. In einem Topf eine Handbreit Salzwasser aufkochen und die Kohlrabischeiben darin zugedeckt bei mittlerer Hitze in 5–6 Min. bissfest garen. Abgießen, abschrecken und abtropfen lassen. Die Kartoffeln pellen und in dünne Scheiben schneiden. Kohlrabi und Kartoffeln mit der Vinaigrette mischen und ca. 10 Min. ziehen lassen.

3 Inzwischen den Thunfisch abtropfen lassen und in Stücke zerpflücken. Die Tomaten waschen, vom Stielansatz befreien und in Würfel schneiden. Die Salatblätter waschen, trocken schütteln und grob zerzupfen, auf zwei Tellern auslegen. Den Kartoffel-Kohlrabi-Salat abschmecken, auf den Salatblättern verteilen. Tomaten, Oliven und Thunfisch locker mischen und obenauf anrichten. Nach Geschmack mit gehackter Petersilie bestreuen.

Für 2 Personen • 25 Min. Zubereitung

BUNTER SALAT MIT MATJES

BRAINFOOD FÜRS BÜRO

FÜR DEN SALAT:

½ Bund Radieschen
1 Minigurke
1 Stange Staudensellerie
1 kleine rote Zwiebel
1 großer Chicorée
125 g Buttermilch
1 ½ EL Apfelessig
Salz, Pfeffer
2 EL Walnussöl
3 Stängel Dill
4 Matjesfilets (ca. 250 g)

NÄHRWERTE PRO PORTION:

ca. 451 kcal
24 g Eiweiß
38 g Fett
11 g Kohlenhydrate
4 g Ballaststoffe

1 Radieschen waschen, putzen und in feine Scheiben schneiden. Die Gurke waschen, putzen, längs halbieren und quer in dünne Scheiben schneiden. Die Selleriestange waschen, putzen, ebenfalls in schmale Scheiben schneiden. Die Zwiebel schälen und in dünne Ringe schneiden. Den Chicorée waschen, putzen, längs halbieren und den Strunk herausschneiden. Die Hälften quer in ca. 2 cm breite Streifen schneiden. Alle vorbereiteten Zutaten in eine Schüssel geben und mischen.

2 Für das Dressing die Buttermilch mit Apfelessig, Salz, Pfeffer und Walnussöl verrühren. Den Dill abbrausen, trocken schütteln, Blättchen abzupfen und hacken. Den Matjes kalt abbrausen, trocken tupfen und schräg in ca. 1 cm breite Streifen schneiden, unter den Salat-Mix heben. Den Salat auf zwei Teller verteilen. Das Dressing darüberträufeln und den Salat mit Dill bestreut servieren. Wer mag, garniert den Salat noch mit je 1 EL Kürbiskernen.

TO-GO-TIPP:

Vorbereiteten Salat, Fisch und Sauce separat verpacken. Den Fisch erst vor dem Essen unter den Salat mischen und mit Dressing beträufeln.

GLASNUDEL-GARNELEN-SALAT

BALLASTSTOFF-BOOSTER IM ASIA-STYLE

Für 2 Personen
35 Min. Zubereitung

ZUTATEN:

30 g Glasnudeln
200 g Rotkohl (am Stück)
Salz
1 Möhre
150 g Zucchino
50 g Zuckerschoten
1 kleine rote Zwiebel
2 EL Erdnusskerne
4 EL Limettensaft
1 ½ EL Sweet Chilisauce
2 EL hochwertiges Rapsöl
1 Stück Ingwer (ca. 2 cm)
Pfeffer
125 g gegarte geschälte Garnelen (Kühlregal)
½ Bund Koriandergrün

NÄHRWERTE PRO PORTION:

ca. 397 kcal
21 g Eiweiß
22 g Fett
26 g Kohlenhydrate
7 g Ballaststoffe

1 Die Glasnudeln nach Packungsangabe garen, abschrecken und gut abtropfen lassen, dann mit einer Schere etwas kleiner schneiden. Den Rotkohl putzen, den Strunk keilförmig herausschneiden, den Kohl quer in feine Streifen schneiden. Mit ½ TL Salz bestreuen und mit den Händen ca. 2 Min. verkneten. Die Möhre putzen, schälen, längs in feine Scheiben, dann diese in dünne Stifte schneiden. Den Zucchino und die Zuckerschoten waschen, putzen und beides in feine Streifen schneiden. Die Zwiebel schälen, halbieren und ebenfalls in feine Streifen schneiden. Die Erdnüsse grob hacken.

2 Für das Dressing den Limettensaft mit Chilisauce und Öl in einer Schüssel verrühren. Den Ingwer schälen, fein reiben und untermischen. Glasnudeln, Rotkohl, Möhren, Zucchini und Zuckerschoten unter das Dressing mischen, mit Salz und Pfeffer abschmecken.

3 Die Garnelen abbrausen und trocken tupfen. Das Koriandergrün abbrausen, trocken schütteln, die Blätter abzupfen und grob hacken. Die Garnelen und die Hälfte vom Koriandergrün mit dem Salat mischen und diesen in Schalen anrichten. Den Salat mit dem übrigen Koriandergrün und den Erdnüssen bestreut servieren.

VARIANTE:

Statt der Garnelen können Sie auch 125 g Roastbeef-Aufschnitt in ca. 1 cm breite Streifen schneiden und unter den Salat mischen.

MINESTRONE MIT ZUCCHININUDELN

BUNTES GEMÜSE ALL'ITALIANA

Für 2 Personen
20 Min. Zubereitung
20 Min. Garen

ZUTATEN:
40 g TK-Erbsen
3 Stängel Basilikum
5 EL Olivenöl
Salz, Pfeffer
400 g Zucchini (gelb oder grün)
2 Möhren (ca. 120 g)
2 Stangen Staudensellerie
150 g grüne Bohnen
1 Zwiebel
1 Knoblauchzehe
1 EL Tomatenmark
200 g stückige Tomaten (Dose)
750 ml Gemüsebrühe

AUSSERDEM:
Spiralschneider

NÄHRWERTE PRO PORTION:
ca. 366 kcal
9 g Eiweiß
26 g Fett
19 g Kohlenhydrate
8 g Ballaststoffe

1 Für das Pesto die Erbsen mit kochendem Wasser übergießen und ca. 5 Min. ziehen lassen, in ein Sieb abgießen und abtropfen lassen. Das Basilikum abbrausen, von 3 Stängeln die Blätter abzupfen und grob schneiden. Mit den Erbsen und 4 EL Olivenöl im Blitzhacker fein zerkleinern. Mit Salz und Pfeffer abschmecken. In eine Schale füllen.

2 Für die Minestrone die Zucchini waschen, putzen und mit einem Spiralschneider längs in Spiralnudeln schneiden. Möhren und Staudensellerie waschen und putzen, Möhren schälen oder waschen und mit dem Staudensellerie schräg in ca. ½ cm dicke Scheiben schneiden. Die Bohnen waschen, putzen und halbieren. Die Zwiebel und die Knoblauchzehe schälen und fein würfeln.

3 Das übrige Öl in einem Topf erhitzen, die Zwiebel und den Knoblauch darin bei mittlerer Hitze glasig dünsten. Möhren und Sellerie dazugeben und ca. 2 Min. andünsten. Das Tomatenmark einrühren, kurz mitdünsten. Tomaten und Brühe zufügen. Die Minestrone zugedeckt aufkochen, salzen und pfeffern. Die Bohnen in die Suppe geben und alles zugedeckt bei kleiner Hitze ca. 15 Min. köcheln.

4 Dann die Zucchininudeln unterheben. Die Minestrone erneut aufkochen und 1–2 Min. köcheln lassen. Mit Salz und Pfeffer abschmecken und mit den übrigen Basilikumblättern und dem Pesto anrichten.

GUT ZU WISSEN:
Als Suppeneinlage schmecken auch »Nudeln« aus anderen Gemüsesorten gut, etwa aus Möhren, Petersilienwurzeln, Kürbis oder Pastinaken.

BROKKOLI-SPINAT-CREMESUPPE

PUSHT DAS IMMUNSYSTEM

ZUTATEN:
400 g Brokkoli
1 Schalotte
2 TL Butter
Salz, Pfeffer
500 ml Gemüsebrühe
100 g Sahne
2 Eier (M)
60 g Baby-Blattspinat
frisch geriebene Muskatnuss
2 TL heller Sesam

NÄHRWERTE PRO PORTION:
ca. 356 kcal
14 g Eiweiß
29 g Fett
7 g Kohlenhydrate
5 g Ballaststoffe

1 Den Brokkoli waschen, putzen, die Röschen abschneiden, die Stiele schälen und klein würfeln. Die Schalotte schälen und würfeln. Die Butter in einem Topf zerlassen, Schalotte und Brokkoli dazugeben und bei mittlerer Hitze ca. 3 Min. dünsten. Mit Salz und Pfeffer würzen. Mit der Brühe und der Sahne ablöschen. Aufkochen und zugedeckt bei mittlerer Hitze ca. 20 Min. köcheln.

2 Inzwischen die Eier in kochendem Wasser in 6–7 Min. wachsweich kochen. Den Spinat verlesen, waschen und trocken schleudern. Den Spinat, bis auf ein paar Blätter zum Garnieren, in die Suppe geben, diese erneut kurz aufkochen. Die Suppe fein pürieren, mit Salz, Pfeffer und Muskat abschmecken. Die Eier abschrecken, pellen und halbieren.

3 Die Suppe mit den Eiern in Schalen anrichten, mit dem Sesam bestreuen, mit Spinatblättern garnieren und servieren.

VARIANTEN:
Statt Brokkoli eignen sich auch Kohlrabi, Erbsen, Lauch, grüner Spargel oder Zucchini für diese Cremesuppe.

TOMATENSUPPE MIT CROÛTONS

MIT GESUNDHEITSFÖRDERNDEM LYCOPIN

ZUTATEN:

1 Zwiebel
1 Knoblauchzehe
3 EL Olivenöl
2 TL Tomatenmark
500 g passierte Tomaten
400 ml Gemüsebrühe
Salz, Pfeffer
1 TL getrocknete Kräuter der Provence
1 festkochende Kartoffel
4 Scheiben Bacon

NÄHRWERTE PRO PORTION:

ca. 330 kcal
9 g Eiweiß
23 g Fett
19 g Kohlenhydrate
4 g Ballaststoffe

1 Die Zwiebel und Knoblauchzehe schälen und fein würfeln. 2 EL Öl in einem Topf erhitzen, Zwiebel und Knoblauch darin bei mittlerer Hitze glasig dünsten. Das Tomatenmark einrühren und kurz andünsten. Passierte Tomaten und Brühe zugießen, mit Salz, Pfeffer und ½ TL Provence-Kräutern würzen. Alles zugedeckt aufkochen und bei mittlerer Hitze ca. 15 Min. köcheln lassen.

2 Inzwischen die Kartoffel schälen, waschen und in ca. 1 cm große Würfel schneiden. Den Bacon in einer beschichteten Pfanne auf beiden Seiten bei mittlerer Hitze knusprig braten. Herausnehmen und in ca. 2 cm breite Streifen schneiden. 1 EL Öl in der Pfanne mit dem Speckfett erhitzen. Die Kartoffelwürfel darin in 10–12 Min. bei mittlerer Hitze von allen Seiten knusprig braten, kurz vor Ende der Garzeit die übrigen Kräuter dazugeben.

3 Die Tomatensuppe fein pürieren. Mit Salz und Pfeffer abschmecken und in Schalen oder tiefen Tellern anrichten. Mit den Kartoffel-Croûtons und den Speckstücken garniert servieren.

Für 2 Personen • 40 Min. Zubereitung

ASIA-NUDELSUPPE MIT TOFU

LOW-CARB-PASTA IM ASIA-STYLE

ZUTATEN:
1 Stück Ingwer (ca. 2 cm)
1 EL hochwertiges Rapsöl
700 ml Gemüsebrühe
3 EL Sojasauce
1 kleine rote Paprika
100 g Zuckerschoten
100 g Shiitakepilze
200 g Tofu
100 g Konjak-Nudeln
½ Bund Koriandergrün
Salz, Pfeffer

NÄHRWERTE PRO PORTION:
ca. 260 kcal
16 g Eiweiß
12 g Fett
15 g Kohlenhydrate
5 g Ballaststoffe

1 Den Ingwer schälen und fein würfeln. Öl in einem Topf erhitzen und den Ingwer darin bei mittlerer Hitze ca. 3 Min. andünsten. Mit der Gemüsebrühe und 2 EL Sojasauce aufgießen, alles aufkochen und zugedeckt bei kleiner Hitze ca. 10 Min. köcheln.

2 Inzwischen die Paprika halbieren, weiße Trennwände und Kerne entfernen, die Hälften waschen und in dünne Streifen schneiden. Die Zuckerschoten waschen, putzen und quer halbieren. Von den Pilzen die Stiele abschneiden, die Hüte je nach Größe halbieren. Den Tofu ca. 2 cm groß würfeln. Die Konjak-Nudeln in ein Sieb geben, abtropfen lassen und abbrausen. Die Nudeln dann in einer Schüssel mit kochendem Wasser übergießen und darin ca. 3 Min. erwärmen.

3 Paprika, Pilze, Zuckerschoten und Tofu zur Suppe geben, ca. 5 Min. mitgaren. Die Nudeln abgießen, in der Suppe ca. 5 Min. bei kleiner Hitze mitkochen. Das Koriandergrün waschen, trocken schütteln, die Blätter grob hacken. Die Suppe mit der übrigen Sojasauce, Salz und Pfeffer würzen und mit Koriandergrün bestreut servieren.

FEINER FISCH-GEMÜSE-TOPF

LOW FAT, LOW CARB

ZUTATEN:
300 g Möhren
1 Knolle Fenchel (ca. 300 g)
1 Stange Lauch
1 Zwiebel
2 EL Olivenöl
Salz, Pfeffer
600 ml Gemüsebrühe
200 g Kabeljaufilet
100 g rohe geschälte Garnelen
½ Bund Dill
2 EL Crème fraîche

NÄHRWERTE PRO PORTION:
ca. 401 kcal
35 g Eiweiß
21 g Fett
16 g Kohlenhydrate
9 g Ballaststoffe

1 Die Möhren putzen, schälen und schräg in dünne Scheiben schneiden. Den Fenchel putzen, vierteln, vom Strunk befreien und in ca. 1 cm große Würfel schneiden. Den Lauch putzen, längs aufschneiden, gründlich waschen und in dünne Scheiben schneiden.
Die Zwiebel schälen und fein würfeln.

2 Das Öl in einem Topf erhitzen, die Zwiebel darin bei mittlerer Hitze glasig dünsten. Möhren, Fenchel und Lauch zugeben, salzen und pfeffern und 2–3 Min. mitdünsten. Mit der Brühe auffüllen. Die Suppe zugedeckt aufkochen und bei mittlerer Hitze ca. 10 Min. köcheln lassen.

3 Inzwischen das Fischfilet und die Garnelen kalt abbrausen, trocken tupfen und den Fisch in ca. 3 cm große Stücke schneiden. Dill abbrausen, trocken schütteln, die Blättchen fein hacken. Fisch und Garnelen mit der Hälfte des Dills mischen. Nach Ende der Garzeit mit der Crème fraîche in die Suppe geben und darin zugedeckt 8–10 Min. ziehen lassen. Mit Salz und Pfeffer abschmecken. Die Suppe mit dem übrigen Dill bestreut servieren.

HÜHNERSUPPE MIT AMARANTH-FLÄDLE

ENTZÜNDUNGSHEMMEND

Für 4 Personen
1 Std. 30 Min. Zubereitung
45 Min. Garen
15 Min. Ruhen

FÜR DIE SUPPE:
1 Bund Suppengrün (ca. 500 g)
3 Hähnchenkeulen (à ca. 250 g)
½ Bund Petersilie
1 Zwiebel
1 Lorbeerblatt
1 TL schwarze Pfefferkörner
Salz
200 g Möhren
1 Stange Lauch
150 g Spitzkohl
Pfeffer

FÜR DIE FLÄDLE:
125 ml Milch
3 Eier (M)
75 g Amaranthmehl
Salz, Pfeffer
3 TL Olivenöl

NÄHRWERTE PRO PORTION:
ca. 489 kcal
37 g Eiweiß
26 g Fett
25 g Kohlenhydrate
4 g Ballaststoffe

1 Das Suppengrün waschen, putzen bzw. schälen und in grobe Stücke schneiden. Die Hähnchenkeulen abbrausen. Petersilie abbrausen und trocken schütteln. Die Zwiebel nur von den losen trockenen Häuten befreien und halbieren. Suppengrün, Zwiebel und Hähnchenkeulen in einen großen Topf geben, mit 2 l kaltem Wasser auffüllen. Das Wasser offen aufkochen lassen. Lorbeer, Pfefferkörner, 4 Stängel Petersilie und 1 TL Salz in die Suppe geben und alles bei halb aufgelegtem Deckel bei kleiner Hitze ca. 1 Std. 30 Min. garen.

2 Nach ca. 45 Min. Garzeit für die Suppe für die Flädle Milch und Eier verquirlen, das Amaranthmehl unterrühren. Den Teig salzen und pfeffern, ca. 15 Min. quellen lassen. In einer beschichteten Pfanne (∅ 20 cm) 1 TL Öl erhitzen, ein Drittel vom Teig in die Pfanne geben und darin verteilen. Den Pfannkuchen 2–3 Min. bei mittlerer Hitze backen, wenden und 2 Min. backen. Noch heiß aufrollen. Aus dem übrigen Teig weitere 2 Pfannkuchen backen und aufrollen.

3 Die Möhren putzen, schälen und längs in feine Scheiben, dann in streichholzdicke Stifte schneiden. Lauch putzen, längs aufschneiden und gründlich waschen. Spitzkohl waschen, putzen und wie den Lauch in feine Streifen schneiden. Die Pfannkuchenrollen quer in ca. 1 cm dicke Stücke schneiden.

4 Hähnchenkeulen aus der Suppe nehmen. Die Brühe durch ein feines Sieb in einen sauberen Topf gießen. Den Siebinhalt wegwerfen. Die Keulen häuten, das Fleisch von den Knochen ablösen und klein schneiden. Von der übrigen Petersilie die Blätter abzupfen und grob hacken. Die Suppe aufkochen, das geschnittene Gemüse darin zugedeckt bei mittlerer Hitze ca. 3 Min. garen. Das Fleisch zufügen und erhitzen. Die Suppe salzen, pfeffern und portionieren. Die Pfannkuchenstreifen (Flädle) zugeben und die Suppe mit Petersilie bestreut servieren.

RATATOUILLE MIT HALLOUMI

VEGGIE-SOMMERGLÜCK

Für 2 Personen
40 Min. Zubereitung

ZUTATEN:
2 Scheiben Halloumi (à 100 g; ersatzweise Grillkäse)
4 EL Olivenöl
1 TL getrockneter Oregano
1 kleine rote Paprika
1 kleine gelbe Paprika
1 kleiner Zucchino
150 g Aubergine
150 g Kirschtomaten
1 Zwiebel
1 Knoblauchzehe
1 Zweig Rosmarin
6 Zweige Thymian
2 TL Tomatenmark
100 ml Gemüsebrühe
Salz, Pfeffer

AUSSERDEM:
Grillpfanne

NÄHRWERTE PRO PORTION:
ca. 590 kcal
27 g Eiweiß
47 g Fett
15 g Kohlenhydrate
10 g Ballaststoffe

1 Den Halloumi mit 2 EL Olivenöl bestreichen, mit dem Oregano bestreuen und marinieren, bis das Gemüse vorbereitet ist.

2 Die Paprika halbieren, weiße Trennwände und Kerne entfernen, die Hälften waschen und in ca. 3 cm große Stücke schneiden. Den Zucchino und Aubergine waschen und putzen. Den Zucchino in Scheiben, die Aubergine in ca. 2 cm große Stücke schneiden. Die Tomaten waschen und halbieren. Die Zwiebel schälen und in Spalten schneiden, die Knoblauchzehe schälen und fein würfeln. Rosmarin und Thymian abbrausen und trocken schütteln.

3 Das übrige Öl in einem breiten Topf erhitzen. Die Zwiebel und den Knoblauch darin ca. 1 Min. andünsten. Die Paprika, Zucchino und Aubergine dazugeben und ca. 3 Min. mitbraten. Das Tomatenmark unterrühren, kurz andünsten. Den Rosmarin und Thymian zufügen, mit der Brühe auffüllen und alles zugedeckt bei mittlerer Hitze ca. 20 Min. schmoren. Etwa 5 Min. vor Garzeitende die Tomaten dazugeben und untermischen.

4 Die Grillpfanne erhitzen und die Halloumischeiben darin von jeder Seite bei großer Hitze 1–2 Min. braten. Das Gemüse mit Salz und Pfeffer abschmecken und mit dem Halloumi servieren.

TIPP:
Sie können die Halloumischeiben im Sommer auch super auf dem Grill zubereiten.

GEMÜSEBRATLINGE MIT SCHNITTLAUCHDIP

MIT VIELEN VITALSTOFFEN

ZUTATEN:

1 kleiner Romanesco (ca. 600 g)
200 g Möhren
2 Schalotten
3 EL Olivenöl
2 Eier (M)
30 g zarte Haferflocken
1 TL Senf
50 g Polenta (Maisgrieß)
Salz, Pfeffer
250 g griech. Joghurt (10 % Fett)
½ Bund Schnittlauch

NÄHRWERTE PRO PORTION:

ca. 583 kcal
21 g Eiweiß
35 g Fett
44 g Kohlenhydrate
11 g Ballaststoffe

1 Den Romanesco waschen, putzen, vom harten Strunk befreien und in sehr kleine Röschen teilen. Die Möhren putzen, schälen und grob raspeln. Die Schalotten schälen und fein würfeln. In einer Pfanne 1 EL Öl erhitzen, Schalotten darin bei mittlerer Hitze glasig dünsten. Romanesco und Möhren zugeben, mit 3 EL Wasser ablöschen und zugedeckt bei mittlerer Hitze in 5–7 Min. bissfest dünsten. Das Gemüse von der Kochstelle nehmen und ca. 30 Min. abkühlen lassen.

2 In einer Schüssel das Gemüse, die Eier, die Haferflocken, Senf und Polenta gründlich verkneten und mit dem Pürierstab grob pürieren. Mit Salz und Pfeffer würzen. Aus je 2 EL Gemüsemasse mit feuchten Händen 6 flache Bratlinge formen.

3 Übriges Öl in einer großen beschichteten Pfanne erhitzen und die Bratlinge darin bei mittlerer Hitze von jeder Seite 3–4 Min. braten. Inzwischen den Joghurt mit 2 EL Wasser, Salz und Pfeffer verrühren. Den Schnittlauch abbrausen, trocken schütteln, fein schneiden und unterheben. Die Bratlinge mit dem Dip servieren. Dazu schmeckt ein gemischter Blattsalat.

SELLERIESCHNITZEL MIT PILZRAGOUT

KLASSIKER ALS LOW-CARB-HIT

ZUTATEN:
1 Sellerieknolle (ca. 500 g)
Salz, Pfeffer
250 g gemischte Pilze
1 Zwiebel
5 EL Olivenöl
1 Dose Kirschtomaten (400 g)
150 ml Gemüsebrühe
1 TL getrockneter Thymian
4 Eier (M)
60 g geriebener Parmesan
50 g Mandelmehl

NÄHRWERTE PRO PORTION:
ca. 700 kcal
43 g Eiweiß
50 g Fett
17 g Kohlenhydrate
10 g Ballaststoffe

1 Den Sellerie waschen, putzen, schälen und in ca. 1 cm dicke Scheiben schneiden. In einem Topf Wasser aufkochen, die Selleriescheiben hineingeben und in 6–8 Min. bissfest garen. Sie dann kalt abschrecken und mit Küchenpapier trocken tupfen. Mit Salz und Pfeffer würzen.

2 Die Pilze putzen, gegebenenfalls mit einem Tuch abreiben und in grobe Stücke schneiden. Die Zwiebel schälen und fein würfeln. In einem Topf 2 EL Öl erhitzen, Zwiebel hineingeben und glasig dünsten. Die Pilze zugeben und unter Wenden 3–4 Min. bei großer Hitze anbraten. Die Tomaten samt Saft und die Brühe unterrühren. Mit Salz, Pfeffer und Thymian würzen und alles bei mittlerer Hitze ca. 10 Min. schmoren lassen.

3 Inzwischen die Eier mit dem Parmesan in einem tiefen Teller gut verrühren. Das Mandelmehl auf einen zweiten tiefen Teller geben. Übriges Öl in einer großen beschichteten Pfanne erhitzen. Die Selleriescheiben erst im Mandelmehl wenden, dann durch die Eimischung ziehen und bei mittlerer Hitze von jeder Seite 3–4 Min. braten. Die Schnitzel auf Küchenpapier entfetten, mit dem Pilzragout anrichten.

Für 2 Personen • 35 Min. Zubereitung

LINSENPASTA MIT RICOTTA-BROKKOLI

SLOW-CARB-SATTMACHER

ZUTATEN:
500 g Brokkoli
2 Schalotten, 1 Knoblauchzehe
20 g getrocknete Tomaten
75 g Rucola
50 g italienischer Hartkäse (z. B. Parmesan)
30 g Walnusskerne
Salz, Pfeffer
70 g Linsen-Pasta (z. B. Spiralen)
2 EL Olivenöl
100 g Ricotta

NÄHRWERTE PRO PORTION:
ca. 493 kcal
25 g Eiweiß
35 g Fett
19 g Kohlenhydrate
8 g Ballaststoffe

1 Den Brokkoli waschen, putzen und ca. 3 cm große Röschen abschneiden. Die Stiele schälen und klein würfeln. Die Schalotten und den Knoblauch schälen und fein würfeln. Die Tomaten in feine Streifen schneiden. Den Rucola verlesen, waschen und abtropfen lassen, harte Stiele entfernen und die Blätter grob schneiden. Den Käse fein reiben. Die Walnusskerne hacken.

2 In einem Topf reichlich Salzwasser aufkochen. Die Nudeln darin nach Packungsanleitung bissfest garen. Inzwischen das Öl in einer großen Pfanne erhitzen. Schalotten, Knoblauch, Tomaten, Walnüsse und Brokkoli darin bei großer Hitze 2–3 Min. andünsten. 200 ml Nudelkochwasser zugeben und alles zugedeckt ca. 6 Min. bei mittlerer Hitze weiterdünsten.

3 Die Nudeln abgießen, kurz abtropfen lassen, in die Pfanne geben und alles gut vermischen. Den Ricotta einrühren, das Gericht mit Salz und Pfeffer abschmecken. Den Rucola kurz untermischen. Die Nudeln auf Teller verteilen und mit dem Käse bestreut servieren.

TEX-MEX-TORTILLA

SCHMECKT WARM UND KALT

ZUTATEN:
2 Paprika (gelb und rot)
1 Stange Lauch (ca. 300 g)
1 Dose Kidneybohnen (ca. 250 g)
1 Knoblauchzehe
½ Bund Koriandergrün
40 g Cheddar
4 Eier (M)
50 ml Milch (1,5 % Fett)
Salz, Pfeffer
3 EL Olivenöl
2 TL Chilipulver

NÄHRWERTE PRO PORTION:
ca. 611 kcal
33 g Eiweiß
37 g Fett
34 g Kohlenhydrate
17 g Ballaststoffe

1 Die Paprika halbieren, weiße Trennwände und Kerne entfernen, die Hälften waschen und in kleine Würfel schneiden. Den Lauch putzen, längs halbieren, gründlich waschen, das Weiße und Hellgrüne in dünne Halbringe schneiden. Die Bohnen in ein Sieb abgießen, abbrausen und gut abtropfen lassen. Die Knoblauchzehe schälen und fein würfeln. Das Koriandergrün abbrausen, trocken schütteln, die Blätter abzupfen und hacken. Den Cheddar fein reiben. Eier, Milch und Käse kräftig verquirlen, salzen und pfeffern.

2 Das Öl in einer Pfanne (∅ 24 cm) erhitzen. Paprika, Lauch und Knoblauch darin bei mittlerer Hitze unter Wenden 6–7 Min. dünsten. Mit dem Chilipulver, Salz und Pfeffer würzen. Die Kidneybohnen und die Hälfte vom Koriander untermischen. Die Eiermischung über dem Gemüse verteilen und zugedeckt bei mittlerer bis starker Hitze 20-25 Min. stocken lassen.

3 Die Tortilla vom Herd nehmen, kurz ruhen lassen, dann auf eine Platte stürzen. Tortilla in Portionsstücke schneiden und mit dem übrigen Koriander bestreut servieren.

Für 2 Personen • 40 Min. Zubereitung

KÜRBIS-BLUMENKOHL-»RISOTTO«

SATTMACHER GANZ OHNE REIS

ZUTATEN:
500 g Butternuss-Kürbis
1 Zwiebel
4 Zweige Thymian
3 EL Rapsöl
Salz, Pfeffer
2 TL Tomatenmark
100 ml passierte Tomaten
200 ml Gemüsebrühe
400 g Blumenkohl
30 g Mandeln
50 g geriebener Parmesan

NÄHRWERTE PRO PORTION:
ca. 429 kcal
19 g Eiweiß
30 g Fett
24 g Kohlenhydrate
7 g Ballaststoffe

1 Den Kürbis schälen, entkernen und ca. 1 cm groß würfeln. Zwiebel schälen und fein würfeln. Den Thymian abbrausen, die Blättchen abzupfen und hacken. In einem Topf 1 EL Öl erhitzen, Zwiebel darin glasig dünsten. Kürbis zugeben, 2–3 Min. mitdünsten. Salzen und pfeffern. Das Tomatenmark und den Thymian einrühren, kurz andünsten. Mit den Tomaten und der Brühe auffüllen, zugedeckt aufkochen und bei kleiner Hitze 8–10 Min. schmoren.

2 Inzwischen den Blumenkohl waschen, putzen und in Röschen teilen. Im Blitzhacker oder in einer Küchenmaschine in mehreren Portionen reiskorngroß zerkleinern (nicht zu fein, sonst wird der Blumenkohl musig).

3 Die Mandeln hacken. Übriges Öl in einer großen beschichteten Pfanne erhitzen. Den Blumenkohl und die Mandeln darin bei großer Hitze 3–4 Min. braten. Von der Kochstelle nehmen und unter das Kürbisgemüse mischen. Den »Risotto« mit Salz und Pfeffer abschmecken und mit Parmesan bestreut servieren. Wer mag, garniert das Risotto noch mit etwas gehackter Petersilie.

SPARGELCURRY MIT KNUSPERTOFU

VEGAN MIT EXOTIK-KICK

ZUTATEN:

500 g Spargel (weiß und grün)
150 g junge Möhren
2 Schalotten
1 Stück Ingwer (ca. 1 cm)
2 EL Erdnussöl
1 EL grüne Thai-Currypaste
250 ml Kokosmilch (aus d. Dose)
100 ml Gemüsebrühe
100 g Erbsen (TK-Ware)
200 g Tofu
1 EL heller Sesam

NÄHRWERTE PRO PORTION:

ca. 616 kcal
25 g Eiweiß
46 g Fett
23 g Kohlenhydrate
7 g Ballaststoffe

1 Den weißen Spargel ganz schälen, den grünen Spargel waschen und nur im unteren Drittel schälen. Schnittstellen nachschneiden und die Stangen schräg in 2–3 cm breite Stücke schneiden. Die Möhren putzen, dünn schälen und schräg in Scheiben schneiden.

2 Schalotten und Ingwer schälen, beides fein würfeln und in einem Topf in 1 EL Öl bei mittlerer Hitze 2–3 Min. dünsten. Spargel und Möhren zugeben, 2–3 Min. mitdünsten. Currypaste untermischen, Kokosmilch und Brühe einrühren und zugedeckt aufkochen. Bei kleiner Hitze ca. 10 Min. köcheln, ca. 5 Min. vor Ende der Garzeit die Erbsen zufügen.

3 Inzwischen den Tofu trocken tupfen und ca. 2 cm groß würfeln. In einer beschichteten Pfanne übriges Öl erhitzen, den Tofu darin bei mittlerer bis großer Hitze rundum in ca. 5 Min. knusprig anbraten, dabei mit Sesam bestreuen. In tiefen Schalen mit dem gebratenen Tofu servieren. Dazu schmeckt der Blumenkohl-»Reis« (s. Seite 96).

GEMÜSE-BOLOGNESE MIT PASTA

KLASSIKER MAL LOW CARB

Für 2 Personen
40 Min. Zubereitung

ZUTATEN:
1 Zwiebel
1 Knoblauchzehe
1 EL Olivenöl
250 g gemischtes Hackfleisch
Salz, Pfeffer
1 EL Tomatenmark
400 g stückige Tomaten (Dose)
200 ml Gemüsebrühe
1 TL getrockneter Oregano
500 g Zucchini
250 g Möhren
4 Stängel Basilikum
30 g Parmesan
70 g Vollkorn-Linguine

AUSSERDEM:
Spiralschneider

NÄHRWERTE PRO PORTION:
ca. 678 kcal
43 g Eiweiß
37 g Fett
42 g Kohlenhydrate
11 g Ballaststoffe

1 Die Zwiebel und den Knoblauch schälen und fein würfeln. Das Öl in einem großen Topf erhitzen, das Hackfleisch darin bei mittlerer bis großer Hitze krümelig und hellbraun anbraten. Mit Salz und Pfeffer würzen. Zwiebel und Knoblauch zufügen und 2–3 Min. mitdünsten. Das Tomatenmark einrühren, kurz anbraten. Die Tomaten und die Brühe zugeben, kräftig mit Salz, Pfeffer und Oregano würzen. Alles aufkochen und ohne Deckel bei kleiner bis mittlerer Hitze ca. 20 Min. schmoren.

2 Inzwischen die Zucchini waschen und putzen, die Möhren putzen und schälen und beides mit der breiten Schneide eines Spiralschneiders in Spiralnudeln schneiden. In ein Sieb geben, mit ½ TL Salz bestreuen und mischen. Das Basilikum abbrausen, trocken schütteln, die Blätter abzupfen und grob hacken. Den Parmesan mit einem Sparschäler in Späne hobeln.

3 In einem großen Topf reichlich Wasser aufkochen, salzen. Die Nudeln darin nach Packungsangabe bissfest garen. Etwa 2 Min. vor Garzeitende die Zucchini und Möhren mit ins Kochwasser geben, dieses erneut aufkochen und die Gemüsenudeln ca. 1 Min. mitkochen. Gemüse und Pasta abgießen und gut abtropfen lassen. Mit der Zucchini-Möhren-Bolognese anrichten, mit dem Basilikum und Parmesan bestreut servieren.

GUT ZU WISSEN:
Vollkornnudeln sind in der Low-Carb-Ernährung in kleinen Mengen erlaubt. Sie liefern mehr Ballaststoffe als helle Nudeln und machen lange satt. Wer abnehmen möchte, sollte diese Gemüse-Pasta besser mittags als abends genießen oder die Linguine weglassen.

STEAKS MIT BOHNEN-TOMATEN-GEMÜSE

LOW-CARB-DINNER VOM FEINSTEN

ZUTATEN:

2 Rinderhüftsteaks (à ca. 200 g)
3 EL Olivenöl
2 TL Chilipulver, Pfeffer
500 g grüne Bohnen
Meersalz (z. B. Fleur de sel)
150 g Kirschtomaten
2 Stängel Bohnenkraut
1 rote Zwiebel, 1 Knoblauchzehe

NÄHRWERTE PRO PORTION:

ca. 546 kcal
37 g Eiweiß
36 g Fett
19 g Kohlenhydrate
7 g Ballaststoffe

1 Die Steaks abbrausen und trocken tupfen. 1 EL Öl mit dem Chilipulver und etwas Pfeffer verrühren, das Fleisch auf beiden Seiten damit bestreichen. Abgedeckt ca. 20 Min. marinieren.

2 Inzwischen die Bohnen putzen, schräg halbieren und in kochendem Salzwasser in 7–10 Min. knapp weich garen, dann abschrecken und gut abtropfen lassen. Die Kirschtomaten waschen und halbieren. Das Bohnenkraut abbrausen, trocken schütteln, die Blättchen abzupfen und hacken. Die Zwiebel und die Knoblauchzehe schälen und fein würfeln. 1 ½ EL Öl in einer Pfanne erhitzen, Zwiebel und Knoblauch darin bei mittlerer Hitze 3–4 Min. andünsten. Die grünen Bohnen, das Bohnenkraut und die Tomaten dazugeben und untermischen, alles bei mittlerer Hitze ca. 2 Min. dünsten, dabei vorsichtig wenden. Mit Meersalz und Pfeffer würzen.

3 Eine zweite Pfanne erhitzen, mit ½ EL Öl einstreichen. Das Fleisch darin bei großer Hitze auf jeder Seite 2–3 Min. braten. Die Steaks herausnehmen, mit Meersalz bestreuen und in Alufolie gewickelt ca. 5 Min. ruhen lassen. Dann die Steaks mit dem Gemüse anrichten.

Für 2 Personen • 30 Min. Zubereitung

GESCHNETZELTES MIT FETA-JOGHURT

LEICHTER ALS BEIM GRIECHEN

ZUTATEN:
3 EL Olivenöl
2 TL getrockneter Thymian
1 TL rosenscharfes Paprikapulver
1 Knoblauchzehe
350 g Schweinefilet
1 Zwiebel
2 kleine Paprikas (gelb und rot)
250 g Spitzkohl
100 g griech. Joghurt (10 % Fett)
50 g Schafskäse (Feta)
Salz, Pfeffer

NÄHRWERTE PRO PORTION:
ca. 516 kcal
49 g Eiweiß
29 g Fett
14 g Kohlenhydrate
9 g Ballaststoffe

1 In einer Schüssel 2 EL Öl, Thymian und Paprikapulver mischen. Die Knoblauchzehe schälen, fein würfeln und dazugeben. Das Fleisch kurz abbrausen, trocken tupfen und in dünne Streifen schneiden. Zum Gewürzöl geben und vermischen, ca. 15 Min. marinieren.

2 Inzwischen die Zwiebel schälen, halbieren und in feine Halbringe schneiden. Paprika halbieren, weiße Trennwände und Kerne entfernen, die Hälften waschen, in feine Streifen schneiden. Spitzkohl waschen, putzen, halbieren, den Strunk keilförmig herausschneiden. Den Kohl in dünne Streifen schneiden. Joghurt mit 1 EL Wasser verrühren. Feta zerdrücken, unterrühren. Feta-Joghurt salzen und pfeffern.

3 In einer großen beschichteten Pfanne 1 EL Öl erhitzen, das Fleisch darin bei großer Hitze unter Wenden in 2–3 Min. anbraten. Zwiebel und Paprika zugeben und bei mittlerer bis großer Hitze ca. 5 Min. mitbraten. Den Spitzkohl untermischen, alles unter Wenden noch ca. 2 Min. braten. Das Geschnetzelte mit Salz und Pfeffer abschmecken. Mit dem Feta-Joghurt anrichten. Nach Geschmack mit etwas Petersilie bestreut servieren.

ASIA-WOK MIT HÄHNCHEN

REICH AN EIWEISS UND BALLASTSTOFFEN

Für 2 Personen
60 Min. Zubereitung

ZUTATEN:
150 g TK-Edamame-Bohnenkerne (s. Tipp; ersatzweise TK-Dicke-Bohnenkerne)
Salz
300 g Hähnchenbrustfilet
200 g Möhren
350 g Baby-Pak-Choi
4 Frühlingszwiebeln
1 rote Chilischote
1 Stück Ingwer (ca. 2 cm)
1 Knoblauchzehe
2 EL Erdnussöl
1 EL geröstetes Sesamöl
200 ml Gemüsebrühe
3 EL Sojasauce
½ Bund Koriandergrün

NÄHRWERTE PRO PORTION:
ca. 504 kcal
44 g Eiweiß
21 g Fett
34 g Kohlenhydrate
5 g Ballaststoffe

1 Die Edamame-Bohnenkerne auftauen lassen. In einem Topf eine Handbreit Salzwasser aufkochen und die Bohnenkerne darin 3–4 Min. garen, sie sollen noch bissfest sein. Inzwischen das Fleisch abbrausen, trocken tupfen und in dünne Streifen schneiden. Die Bohnen in ein Sieb abgießen, abschrecken und gut abtropfen lassen.

2 Die Möhren putzen, schälen, längs halbieren und schräg in dünne Scheiben schneiden. Den Pak-Choi waschen, trocken schütteln, längs halbieren oder vierteln und quer in grobe Stücke schneiden. Frühlingszwiebeln waschen, putzen und schräg in ca. 2 cm breite Stücke schneiden. Die Chilischote halbieren, Kerne entfernen, die Hälften waschen. Ingwer und Knoblauchzehe schälen. Alle drei Zutaten fein würfeln.

3 Im Wok 1 EL Erdnussöl und das Sesamöl erhitzen, die Hähnchenstreifen darin bei mittlerer bis großer Hitze ca. 3 Min. braten, herausnehmen. Das restliche Erdnussöl erhitzen und die Möhren darin unter Rühren bei großer Hitze ca. 3 Min. braten. Frühlingszwiebeln, Chili, Ingwer und Knoblauch dazugeben und ca. 2 Min. mitbraten. Den Pak-Choi und die Edamame-Bohnen zufügen, alles unter Rühren weitere 3 Min. braten.

4 Die Brühe mit der Sojasauce verrühren, in den Wok gießen. Die Hähnchenstreifen unterheben und zugedeckt ca. 5 Min. ziehen lassen. Inzwischen das Koriandergrün abbrausen, trocken schütteln, die Blätter abzupfen und vor dem Servieren aufstreuen.

GUT ZU WISSEN:
Edamame-Bohnen sind unreif geerntete Sojabohnen. Sie haben eine leuchtend grüne Farbe und sind angenehm weich. Es gibt sie mit oder ohne Schale tiefgefroren im gut sortierten Supermarkt oder im Asienladen.

Für 2 Personen • 30 Min. Zubereitung • 15 Min. Garen

SZEGEDINER GULASCH MIT WURZELPÜREE

MIT REICHLICH BALLASTSTOFFEN

ZUTATEN:

2 Zwiebeln
1 große rote Paprika
400 g Putenbrustfilet
2 EL hochwertiges Rapsöl
2 TL rosenscharfes Paprikapulver
Salz, Pfeffer
400 g Sauerkraut (Frischepack)
125 ml Gemüsebrühe
200 g mehligkochende Kartoffeln
300 g Petersilienwurzeln
125 ml Milch

NÄHRWERTE PRO PORTION:

ca. 541 kcal
61 g Eiweiß
17 g Fett
33 g Kohlenhydrate
12 g Ballaststoffe

1 Die Zwiebeln schälen und würfeln. Die Paprika halbieren, weiße Trennwände und Kerne entfernen, die Hälften waschen und ca. 2 cm groß würfeln. Das Fleisch abbrausen, trocken tupfen und in ca. 2 cm große Würfel schneiden. Das Öl in einem breiten Topf erhitzen, das Fleisch darin bei mittlerer bis großer Hitze in ca. 3 Min. rundherum anbraten. Die Zwiebeln und Paprikastücke zufügen und kurz mitbraten, mit Paprikapulver, Salz und Pfeffer würzen. Das Sauerkraut zufügen, mit der Brühe ablöschen und bei mittlerer Hitze zugedeckt ca. 30 Min. schmoren.

2 Inzwischen für das Püree die Kartoffeln und Petersilienwurzeln schälen, waschen und grob würfeln. Beides zusammen in einen Topf geben, salzen, die Milch dazugießen und alles aufkochen. Zugedeckt bei kleiner Hitze ca. 15 Min. köcheln lassen. Dann das Gemüse mit einem Kartoffelstampfer zu Püree stampfen, mit Pfeffer würzen.

3 Das Gulasch mit Salz und Pfeffer abschmecken. Mit dem Wurzelpüree anrichten und nach Geschmack mit gehackter Petersilie bestreut servieren. Dazu passt saure Sahne.

Für 2 Personen • 40 Min. Zubereitung • 25 Min. Garen

SOMMER-COQ-AU-VIN

LOW-CARB-HIT FÜR GÄSTE

ZUTATEN:

2 Hähnchenkeulen (à ca. 300 g)
Salz, Pfeffer
150 g Schalotten
2 Knoblauchzehen
1 Kohlrabi (ca. 300 g)
100 g Möhren
3 EL Olivenöl
250 ml trockener Weißwein
4 Zweige Thymian
125 g Pfifferlinge
50 g Crème fraîche

NÄHRWERTE PRO PORTION:

ca. 715 kcal
48 g Eiweiß
46 g Fett
11 g Kohlenhydrate
8 g Ballaststoffe

1 Die Hähnchenkeulen im Gelenk teilen, abbrausen und gut trocken tupfen, mit Salz und Pfeffer würzen. Die Schalotten und Knoblauchzehen schälen und je nach Größe längs halbieren. Den Kohlrabi putzen, schälen, halbieren und in Spalten schneiden. Die Möhren putzen, schälen und schräg in ca. ½ cm breite Scheiben schneiden.

2 In einem Bräter 1 EL Öl erhitzen, die Geflügelteile darin in ca. 5 Min. bei mittlerer bis großer Hitze von beiden Seiten braun anbraten. Schalotten, Knoblauch, Kohlrabi und Möhren zugeben und 2–3 Min. mitbraten. Den Wein zugießen, Thymian zufügen, das Ganze aufkochen und mit halb aufgelegtem Deckel bei mittlerer Hitze ca. 40 Min. schmoren.

3 Ca. 15 Min. vor Ende der Garzeit die Pfifferlinge putzen, größere Pilze halbieren. In einer Pfanne 2 EL Öl erhitzen, die Pilze darin scharf anbraten, salzen und pfeffern. Die Pilze nach ca. 35 Min. Garzeit für das Huhn mit der Crème fraîche in den Topf geben. Das Coq au Vin mit Salz und Pfeffer abschmecken. Nach Geschmack mit je 1 EL fein geschnittenem Schnittlauch bestreut servieren.

SELLERIEPIZZA MIT SALAMI

ALLROUNDER OHNE MEHL

Für 2 Personen
35 Min. Zubereitung
10 Min. Backen

FÜR DEN TEIG:
400 g Knollensellerie
125 g Emmentaler
2 Eier (M)
Salz, Pfeffer

FÜR DEN BELAG:
1 Dose stückige Tomaten (200 g)
½ TL getrocknete italienische Kräuter
1 kleine Knoblauchzehe
80 g kleine Champignons
2 kleine Tomaten
50 g Salami (in dünnen Scheiben)
2 Stängel Basilikum

NÄHRWERTE PRO PORTION:
ca. 502 kcal
36 g Eiweiß
35 g Fett
10 g Kohlenhydrate
9 g Ballaststoffe

1 Den Backofen auf 200° vorheizen. Ein Blech mit Backpapier belegen. Den Sellerie putzen, schälen und in kleine Stücke schneiden. Diese in einer Küchenmaschine oder im Blitzhacker in mehreren Portionen nacheinander zu kleinen Krümeln hacken.
Den Käse fein reiben. In einer Schüssel 100 g Emmentaler mit den Eiern verrühren, leicht salzen und pfeffern. Sellerie zugeben und untermischen. Aus der Mischung auf dem Blech 2 runde Fladen (∅ 18 cm) formen. Diese im heißen Ofen (Mitte) in ca. 15 Min. goldbraun backen.

2 Inzwischen die Tomatenstücke mit den Kräutern mischen, salzen und pfeffern. Die Knoblauchzehe schälen, fein hacken und unterrühren. Pilze putzen und in feine Scheiben schneiden. Tomaten waschen, ohne Stielansatz quer in Scheiben schneiden. Salami evtl. halbieren.

3 Jeweils die Hälfte der Tomatensauce auf jedem Sellerieboden verteilen. Mit Tomaten, Pilzen und Salami belegen und mit dem übrigen geriebenen Käse bestreuen. Die Pizzas im heißen Ofen in ca. 10 Min. fertig backen. Das Basilikum abbrausen, trocken schütteln, die Blätter abzupfen und vor dem Servieren auf die Pizzas streuen.

VARIANTE:
Blumenkohl-Pizza mit Schinken: Für den Boden statt Sellerie Blumenkohl nehmen. Für den Belag 1 gelbe Paprika in feine Streifen schneiden, 125 g Artischockenherzen (aus der Dose) vierteln. Tomatensauce (siehe Rezept), Paprika und Artischocken auf der Pizza verteilen, mit dem übrigen Käse bestreuen und backen. 50 g Parmaschinken (in dünnen Scheiben) in grobe Stücke zupfen und vor dem Servieren auf den Pizzas verteilen.

Für 2 Personen • 25 Min. Zubereitung • 25 Min. Garen

GEMÜSE-LACHS-PÄCKCHEN

NÄHRSTOFF- UND AROMEN-KICK

ZUTATEN:
400 g kleine Champignons
1 dünne Stange Lauch (ca. 200 g)
1 rote Spitzpaprika (ca. 80 g)
250 g Lachsfilet (ohne Haut)
1 Knoblauchzehe, 1 Bio-Zitrone
4 EL Olivenöl, Salz, Pfeffer
½ Bund Petersilie
Chiliflocken

NÄHRWERTE PRO PORTION:
ca. 510 kcal
31 g Eiweiß
39 g Fett
7 g Kohlenhydrate
6 g Ballaststoffe

1 Den Backofen auf 180° vorheizen. Die Pilze putzen. Den Lauch putzen, längs einschneiden, waschen und schräg in ca. 1 cm breite Stücke schneiden. Die Paprika halbieren, weiße Trennwände und Kerne entfernen, die Hälften waschen und in Streifen schneiden. Das Lachsfilet abbrausen, trocken tupfen und in ca. 2 cm große Stücke schneiden. Die Knoblauchzehe schälen und fein würfeln. Die Zitrone heiß waschen, abtrocknen und halbieren. Die Schale von einer Hälfte fein abreiben und 2 EL Saft auspressen.

2 In einer Schüssel das Gemüse, Lachs, Knoblauch, Zitronensaft, Öl, Salz und Pfeffer gut mischen. 2 Bogen Backpapier auf die Arbeitsfläche legen. Je die Hälfte der Mischung mittig daraufgeben. Die Kanten des Papiers oben zusammenführen, das Papier seitlich wie bei einem Bonbon zusammendrücken, mit Küchengarn zubinden. Päckchen auf ein Backblech legen, im heißen Ofen (Mitte) ca. 25 Min. garen.

3 Die Petersilie abbrausen, Blätter abzupfen und fein hacken. Mit der Zitronenschale und 2 Msp. Chiliflocken mischen. Die Gemüse-Lachs-Päckchen mit Petersilien-Mix bestreut im Papier servieren.

FISCH MIT INGWERKRUSTE AUF SPINAT

FERNÖSTLICHER POWER-MIX

ZUTATEN:
3 EL weiche Butter
1 Stück Ingwer (ca. 2 cm)
½ Bund Koriandergrün
40 g Vollkornsemmelbrösel
Salz, Pfeffer
2 Seelachsfilets (à ca. 200 g)
500 g Baby-Blattspinat
1 Zwiebel
200 ml Kokosmilch (Dose)
AUSSERDEM:
Auflaufform (ca. 20 × 30 cm)

NÄHRWERTE PRO PORTION:
ca. 654 kcal
48 g Eiweiß
41 g Fett
20 g Kohlenhydrate
7 g Ballaststoffe

1 Den Backofen auf 180° vorheizen. Die Form mit ½ EL Butter einfetten. Den Ingwer schälen und fein würfeln. Das Koriandergrün abbrausen, trocken schütteln, die Blätter abzupfen. Ingwer und Korianderblätter mit den Semmelbröseln und 1 ½ EL Butter im Blitzhacker fein zerkleinern, leicht salzen und pfeffern.

2 Die Fischfilets abbrausen, trocken tupfen, mit Salz und Pfeffer würzen. Die Filets in die Form legen und mit der Ingwer-Koriandergrün-Mischung bestreichen. Im heißen Ofen (unten) in 13–15 Min. goldbraun backen. Inzwischen den Spinat verlesen, waschen und trocken schleudern. Die Zwiebel schälen und fein würfeln. In einem breiten Topf die übrige Butter erhitzen und die Zwiebel darin glasig dünsten. Die Kokosmilch angießen, aufkochen und ca. 3 Min. bei großer Hitze offen einkochen. Den Spinat zugeben und zugedeckt bei mittlerer Hitze in 3–4 Min. zusammenfallen lassen. Mit Salz und Pfeffer abschmecken.

3 Den fertig gegarten Fisch auf dem Spinatgemüse anrichten, nach Geschmack mit Limettenscheiben belegen und servieren.

OFEN-DORADEN MIT ROTER MOJO

REICH AN WERTVOLLEN FETTSÄUREN

Für 2 Personen
50 Min. Zubereitung
25 Min. Garen

FÜR DIE MOJO:
1 rote Paprika
1 kleine rote Chilischote
1 Knoblauchzehe
50 g Mandelmehl
½ TL gemahlener Kreuzkümmel
2 TL Weißweinessig
2 EL Olivenöl
Salz, Pfeffer

FÜR DIE OFEN-DORADEN:
2 Doraden (à ca. 400 g; küchenfertig)
Salz, Pfeffer
2 Zweige Rosmarin
300 g festkochende Kartoffeln
400 g junge Zucchini
1 Knoblauchzehe
4 EL Olivenöl
50 ml Gemüsebrühe

NÄHRWERTE PRO PORTION:
ca. 775 kcal
75 g Eiweiß
41 g Fett
26 g Kohlenhydrate
7 g Ballaststoffe

1 Für die Mojo den Backofengrill vorheizen. Die Paprika vierteln, weiße Trennwände und Kerne entfernen, die Viertel waschen und mit der Hautseite nach oben auf ein Backblech legen. Unter dem heißen Grill (oben) 8–10 Min. rösten, bis die Haut schwarz wird und Blasen wirft. Die Paprikaviertel mit einem sauberen feuchten Tuch abdecken und ca. 10 Min. abkühlen lassen.

2 Inzwischen die Chilischote halbieren, Kerne entfernen, die Hälften waschen und fein würfeln. Die Knoblauchzehe schälen und fein würfeln. Die gegrillte Paprika häuten und in grobe Stücke schneiden. Mit der Chilischote, dem Knoblauch und dem Mandelmehl in ein hohes Rührgefäß geben. Kreuzkümmel, Essig und das Olivenöl zugeben. Alles mit dem Pürierstab glatt pürieren. Die Paste mit Salz und Pfeffer abschmecken und beiseitestellen.

3 Den Backofen auf 200° vorheizen. Die Doraden abbrausen, trocken tupfen und auf jeder Seite 2–3 Mal schräg einschneiden. Die Fische innen und außen salzen und pfeffern und je 1 Rosmarinzweig in die Bauchhöhle stecken. Kartoffeln schälen, waschen und in dünne Scheiben hobeln, diese in kaltes Wasser legen. Zucchini waschen, putzen und in ca. ½ cm dicke Scheiben schneiden. Die Knoblauchzehe schälen und fein würfeln.

4 Die Kartoffelscheiben abtropfen lassen und mit den Zucchini auf einem Backblech verteilen. Die Doraden darauflegen. Die Knoblauchzehe schälen und fein würfeln. 4 EL Öl mit der Brühe und dem Knoblauch mischen, leicht salzen und pfeffern. Die Mischung auf dem Gemüse und den Doraden verteilen. Das Ganze im heißen Ofen (unten) ca. 25 Min. braten, bis der Fisch leicht gebräunt ist. Die Doraden mit dem Kartoffel-Gemüse und der roten Mojo anrichten und servieren.

Für 2 Portionen • 15 Min. Zubereitung

GEMÜSESTICKS MIT KRÄUTERDIP

VITALSTOFFREICHER KNABBERSPASS

ZUTATEN:

2 Stängel Basilikum
3 Stängel Petersilie
150 g Joghurt griechischer Art (10 % Fett)
1 EL geriebener Parmesan
1 TL Zitronensaft
Salz, Pfeffer
2 kleine Möhren
150 g Kohlrabi
1 Stange Staudensellerie
½ rote Paprika

NÄHRWERTE PRO PORTION:

ca. 165 kcal
8 g Eiweiß
10 g Fett
11 g Kohlenhydrate
5 g Ballaststoffe

1 Für den Dip das Basilikum und die Petersilie abbrausen, trocken schütteln, die Blätter von den Stielen zupfen und hacken. Kräuter, Joghurt und Parmesan in ein hohes Rührgefäß geben und mit dem Pürierstab glatt pürieren. Mit Zitronensaft, Salz und Pfeffer abschmecken.

2 Möhren und Kohlrabi putzen und schälen, die Selleriestange waschen und putzen. Von der Paprika weiße Trennwände und Kerne entfernen, die Paprika waschen. Alle Gemüse in etwa fingerbreite lange Streifen schneiden. Diese Gemüsesticks in zwei Gläsern anrichten und mit dem Dip servieren.

VARIANTE:
Veganer können statt dem Kräuter-Joghurt einen Tomaten-Hummus als Dip zum Gemüse reichen. Dafür 25 g getrocknete Tomaten (in Öl) abtropfen lassen und klein schneiden. 120 g Kichererbsen (aus der Dose) abgießen, kalt abbrausen und gut abtropfen lassen. Tomaten und Kichererbsen mit 1 EL Zitronensaft und 3 EL Olivenöl glatt pürieren. Mit ¼ TL gemahlenem Kreuzkümmel, Salz, Pfeffer und 1 Msp. Chiliflocken würzen.

Für 4 Portionen • 20 Min. Zubereitung

GEMÜSE-MOZZARELLA-SPIESSE

ITALO-SNACK MIT WENIG CARBS

ZUTATEN:
8 Kirschtomaten
1 kleiner Zucchino (ca. 100 g)
8 Blätter Basilikum
8 Mini-Mozzarellakugeln
8 schwarze Oliven (entsteint)
1 Bio-Zitrone
Salz, grob gemahlener Pfeffer
1 ½ EL Olivenöl

AUSSERDEM:
4 Holz- oder Saté-Spieße

NÄHRWERTE PRO PORTION:
ca. 119 kcal
4 g Eiweiß
11 g Fett
2 g Kohlenhydrate
1 g Ballaststoffe

1 Die Kirschtomaten abbrausen und trocken tupfen. Den Zucchino waschen, putzen, abtrocknen und in 8 Scheiben schneiden. Die Basilikumblätter feucht abtupfen. Mozzarella und Oliven abtropfen lassen. Tomaten, Zucchini, Basilikumblätter, Mozzarella und Oliven abwechselnd auf die Spieße stecken und diese in eine flache Schale legen.

2 Die Zitrone heiß waschen, abtrocknen, 1 TL Schale fein abreiben, die Zitrone halbieren und 2 EL Zitronensaft auspressen. Zitronensaft und -schale mit Salz und grob gemahlenem Pfeffer sowie dem Olivenöl verrühren. Das Dressing über die Spieße träufeln und diese servieren.

TO-GO-TIPP:
Die Snack-Spieße schon am Vorabend zubereiten und in einer Frischhaltebox über Nacht im Kühlschrank marinieren. So sparen Sie am nächsten Morgen Zeit, und die Spieße gewinnen an Aroma.

VARIANTE:
Wer es würziger mag, kann den Mozzarella durch 100 g Schafskäse (Feta) ersetzen und diesen in 6 gleich große Würfel schneiden.

GEMÜSE-QUARK-FINGERFOOD

FINGER-FOOD ZUM AUFPEPPEN

Für 4 Portionen
25 Min. Zubereitung

ZUTATEN:

4 Mini-Snackpaprika (rot, gelb, orange)
2 Minigurken (ca. 200 g)
100 g Magerquark
50 g Frischkäse (mind. 18 % Fett i. Tr.)
Salz, Pfeffer
1 EL Pinienkerne
1 große Tomate
50 g luftgetrockneter Schinken (z. B. Parma- oder Serrano-schinken)
3 Stängel Petersilie
2 EL Olivenöl
1 Spritzer Zitronensaft

NÄHRWERTE PRO PORTION:

ca. 160 kcal
11 g Eiweiß
11 g Fett
5 g Kohlenhydrate
3 g Ballaststoffe

1 Die Minipaprika samt Stiel längs halbieren, weiße Trennwände und Kerne entfernen, die Hälften waschen. Die Gurken waschen, putzen, längs halbieren und mit einem Teelöffel die Kerne herausschaben. Die Gurkenhälften schräg in ca. 3 cm lange Stücke schneiden.

2 Für die Füllung den Quark mit dem Frischkäse glatt verrühren, mit Salz und Pfeffer würzen. Die Pinienkerne in einer beschichteten Pfanne ohne Fett bei mittlerer Hitze goldbraun rösten, sofort aus der Pfanne nehmen und abkühlen lassen.

3 Die Tomate vom Stielansatz befreien, mit kochendem Wasser überbrühen, im Wasser kurz ziehen lassen, abschrecken und häuten. Die Tomate vierteln, entkernen und fein würfeln. Den Schinken in kleine Stücke schneiden. Die Petersilie abbrausen, trocken schütteln, die Blätter abzupfen und fein hacken.

4 Tomatenwürfel, Pinienkerne, Schinken und Petersilie mit dem Olivenöl mischen. Mit Salz, Pfeffer und Zitronensaft würzen. Die Paprikahälften und Gurkenstücke mit der Frischkäsemischung füllen und die Tomaten-Schinken-Mischung darauf verteilen.

VARIANTE:

Sie sind Fisch-Liebhaber? Dann toppen Sie die Happen zur Abwechslung mit einer Thunfisch-Kapern-Mischung. Dafür 50 g Thunfisch (aus der Dose, im eigenen Saft) abtropfen lassen, mit 1 EL kleinen Kapern und den Tomatenwürfeln (nach Rezept) mischen. 2 EL Olivenöl und 2 EL gehackte Petersilie zugeben, mit Salz und Pfeffer abschmecken.

GEBRATENE MINI-PAPRIKA

REICH AN VITAMIN C

ZUTATEN:
200 g kleine grüne Bratpaprika (Pimientos de padrón)
2 EL Olivenöl
grobes Meersalz
Pfeffer

NÄHRWERTE PRO PORTION:
ca. 105 kcal
1 g Eiweiß
10 g Fett
2 g Kohlenhydrate
0 g Ballaststoffe

1 Die Bratpaprika waschen und mit Küchenpapier gut trocken tupfen. Das Öl in einer großen Pfanne erhitzen.

2 Die Paprika in die Pfanne geben und bei mittlerer bis großer Hitze unter ständigem Wenden 4–5 Min. braten, bis sie eine schöne Röstfarbe angenommen haben. Dann die Paprika mit Meersalz und Pfeffer würzen und sofort servieren.

GUT ZU WISSEN:
Pimientos de Padron, die kleinen grünen Bratpaprika, erinnern im Aussehen an Chilischoten. Sie schmecken aber eher süßlich nussig. In Spanien sind sie ein Tapas-Klassiker. Man isst sie mit den Kernen.

VARIANTE:
250 g Austernpilze putzen, grob teilen. 1 fein gewürfelte Knoblauchzehe mit 2 EL Olivenöl, Salz und Pfeffer verrühren, die Pilze darin wenden. In einer ofenfesten Form unter dem vorgeheizten Backofengrill (oben) 10–12 Min. grillen, zwischendurch wenden. 2 EL Zitronensaft und in Streifen geschnittene Basilikumblätter unterheben.

KÜRBISFRITTEN MIT TOMATENDIP

POMMES IM LOW-CARB-STYLE

ZUTATEN:

300 g Butternuss-Kürbis
4 Zweige Thymian (ersatzweise 1 TL getrockneter Thymian)
3 EL Olivenöl
Salz, Pfeffer
200 g stückige Tomaten (Dose)
½ EL Tomatenmark
2 TL Aceto balsamico
Chiliflocken

NÄHRWERTE PRO PORTION:

ca. 192 kcal
3 g Eiweiß
15 g Fett
14 g Kohlenhydrate
1 g Ballaststoffe

1 Den Backofen auf 220° vorheizen. Ein Blech mit Backpapier belegen. Den Kürbis schälen, entkernen und in ca. 2 cm breite Stifte wie Pommes Frites schneiden. Den Thymian waschen, Blättchen abzupfen und hacken. 2 EL Öl mit dem Thymian, Salz und Pfeffer in einer breiten Schüssel verrühren. Die Kürbisstücke darin wenden und auf dem Blech verteilen. Im heißen Ofen (Mitte) 15–20 Min. backen, bis die Kürbisfritten leicht gebräunt sind.

2 Inzwischen die Tomaten in ein Sieb geben und abtropfen lassen, dann mit dem Tomatenmark, Essig und 1 EL Öl in ein hohes Rührgefäß geben und mit dem Pürierstab fein pürieren. Mit Salz, Pfeffer und Chiliflocken abschmecken. Die Kürbisfritten aus dem Ofen nehmen und mit dem Tomatendip servieren.

VARIANTE:

Kohlrabi-Wedges: 2 kleine Kohlrabi (ca. 400 g) schälen und in Spalten schneiden. Mit 1 ½ EL Olivenöl, Salz und Pfeffer mischen und auf dem Blech verteilen. Im heißen Ofen (Mitte) bei 200° 15–20 Min. backen.

GEWÜRZ-KÄSECRACKER

KNUSPRIGE PROTEINHÄPPCHEN

ZUTATEN:
150 g italienischer Hartkäse (z. B. Grana padano)
½ TL grob gemahlener Pfeffer
1 TL rosenscharfes Paprikapulver
½ TL gemahlener Kreuzkümmel

NÄHRWERTE PRO STÜCK:
ca. 41 kcal
3 g Eiweiß
3 g Fett
0 g Kohlenhydrate
0 g Ballaststoffe

1 Den Backofen auf 200° vorheizen. Ein Backblech mit Backpapier belegen. Den Käse fein reiben und in einer Schüssel mit dem Pfeffer, Paprikapulver und Kreuzkümmel mischen.

2 Die Käsemischung als 15 runde kleine Häufchen mit ca. 5 cm Abstand auf das Blech setzen. Diese im heißen Ofen (unten) in 8–10 Min. goldbraun backen. Die Taler gegen Ende der Backzeit gut im Auge behalten – sie werden schnell dunkel. Das Blech aus dem Ofen nehmen und die Käsetaler vollständig abkühlen lassen.

3 Die abgekühlten Käsetaler – sie sind nun schön knusprig – vom Blech nehmen und am besten in einer Dose luftdicht verpackt aufbewahren. Sie halten sich 2–3 Wochen.

TAUSCH-TIPP:
Statt mit Orient-Touch schmecken die Käsecracker auch mediterran gewürzt sehr gut, z. B. mit ½ TL grob gemahlenem Pfeffer, 2 TL getrocknetem Thymian oder Rosmarin und 2 TL Sesamsamen.

Für 20 Portionen à 20 g • 15 Min. Zubereitung (plus Zeit zum Abkühlen) • 15 Min. Backen

CURRY-HONIG-NÜSSE

KNACKIGE NERVENNAHRUNG

ZUTATEN:

1 Eiweiß (Größe M)
Salz
2 TL mildes Currypulver (z. B. Madras-Curry)
2 TL flüssiger Honig
400 g gemischte Nusskerne (z. B. Cashewkerne, Erdnüsse, Haselnüsse, Mandeln, Walnüsse)
1 EL Limettensaft

NÄHRWERTE PRO PORTION:

ca. 130 kcal
4 g Eiweiß
11 g Fett
3 g Kohlenhydrate
1 g Ballaststoffe

1 Den Backofen auf 180° vorheizen. Ein Backblech mit Backpapier auslegen. In einer Schüssel das Eiweiß mit 1 TL Salz mit den Rührbesen des Handrührgeräts halbsteif schlagen. Das Currypulver und den Honig dazugeben und kurz weiterschlagen.

2 Die Nüsse und den Limettensaft dazugeben und mit einem Löffel gründlich darin wenden, sodass sie gleichmäßig mit der Gewürzschicht überzogen sind. Die Nussmischung auf dem Blech verteilen und im heißen Ofen (unten) 10–15 Min. goldbraun rösten, dabei nach etwa der Hälfte der Backzeit wenden.

3 Das Blech aus dem Ofen nehmen und den Nuss-Mix vollständig abkühlen lassen. Die Nüsse in einer Dose luftdicht verschlossen aufbewahren. Sie halten sich 2–3 Wochen.

TAUSCH-TIPP:

Sie mögen es gerne feurig? Dann ersetzen Sie das Currypulver für die Gewürzmischung durch 2 TL Wasabipulver. Gibt es im gut sortierten Asienladen oder im Online-Versand.

Für 16 Stück • 25 Min. Zubereitung • 60 Min. Ruhen

APRIKOSEN-KOKOS-BÄLLCHEN

GEBALLTE ENERGIE

ZUTATEN:

100 g getrocknete Soft-Aprikosen
2 getrocknete Soft-Datteln
70 g Kokosraspel
40 g Mandeln
30 g weiches Kokosöl
1 EL Chiasamen
1 EL helles Mandelmus
½ TL gemahlene Kurkuma

NÄHRWERTE PRO STÜCK:

ca. 87 kcal
1 g Eiweiß
7 g Fett
5 g Kohlenhydrate
2 g Ballaststoffe

1 Die Aprikosen und Datteln in grobe Stücke schneiden. Beides mit 50 g Kokosraspeln und den Mandeln mischen und im Blitzhacker portionsweise zerkleinern. Die Aprikosenmischung in eine Schüssel füllen. Das Kokosöl, Chiasamen, Mandelmus und Kurkuma hinzufügen und alles mit einem Löffel gut vermengen. Mit angefeuchteten Händen aus der Masse 16 kleine Kugeln formen.

2 Die übrigen Kokosraspel auf einen Teller geben und die Aprikosenbällchen darin wälzen. Im Kühlschrank abgedeckt in ca. 60 Min. fest werden lassen. Die Bällchen in einer Dose luftdicht verpacken. Kühl gelagert halten sie sich ca. 2 Wochen.

VARIANTE:

Kernige Tomaten-Balls: 100 g Soft-Tomaten in grobe Stücke schneiden. Mit 50 g Sonnenblumenkernen, 30 g Kürbiskernen und 10 g Pinienkernen mischen und im Blitzhacker zerkleinern. Tomaten-Mix mit 2 EL Olivenöl, 1 EL Tahin (Sesammus), 2 EL zarten Haferflocken und ½ TL edelsüßem Paprikapulver vermischen und wie beschrieben Bällchen formen.

Für 30 Stück • 20 Min.Zubereitung • 40 Min. Backen • 40 Min. Abkühlen

NUSS-SCHOKO-CROSSIES

NASCHEN ERLAUBT!

ZUTATEN:

100 g Mandeln
75 g Kürbiskerne
75 g Sonnenblumenkerne
50 g heller Sesam
1 Eiweiß (Größe M)
1 EL flüssiger Honig
Salz
50 g dunkle Schokolade (mind. 80 % Kakao)
1 TL Kokosöl

NÄHRWERTE PRO 5 STÜCK:

ca. 71 kcal
3 g Eiweiß
6 g Fett
2 g Kohlenhydrate
1 g Ballaststoffe

1 Die Mandeln und Kürbiskerne grob hacken. Beides mit den Sonnenblumenkernen und dem Sesam mischen. Das Eiweiß mit dem Honig und 1 Prise Salz in eine Schüssel geben und mit den Rührbesen des Handrührgeräts ca. 1 Min. schaumig schlagen. Die Kernemischung dazugeben und mit einem Kochlöffel gründlich untermischen.

2 Den Backofen auf 130° vorheizen. Ein Blech mit Backpapier belegen. Die Kernemasse mit einem Teelöffel als kleine Häufchen auf das Blech setzen. Im heißen Ofen (Mitte) in 30–40 Min. goldbraun backen. Das Blech aus dem Ofen nehmen und die Crossies in ca. 40 Min. vollständig abkühlen lassen.

3 Die Schokolade grob hacken und mit dem Kokosöl in einer Schüssel über einem heißen Wasserbad unter Rühren schmelzen. Die Unterseite der abgekühlten Kekse in die Schokolade tauchen und trocknen lassen. Die Crossies in einer Dose luftdicht verpackt lagern. Sie halten sich 3–4 Wochen.

Für 4 Personen • 20 Min. Zubereitung • 1 Std. Kühlen

SCHOKOLADENMOUSSE MIT AVOCADO

MACHT VEGANER GLÜCKLICH

ZUTATEN:
150 g Bitterschokolade (mind. 80 % Kakao)
2 Avocados
½ TL gemahlene Vanille
1 TL Zimtpulver
2 EL gehäutete Mandeln
2 EL Pistazienkerne
8 Physalis

NÄHRWERTE PRO PORTION:
ca. 510 kcal
10 g Eiweiß
47 g Fett
11 g Kohlenhydrate
8 g Ballaststoffe

1 Die Schokolade hacken und in einer Schüssel über einem heißen Wasserbad schmelzen, dabei rühren. Die Avocados längs halbieren, den Kern herauslösen, das Fruchtfleisch mit einem Löffel aus der Schale heben und in ein hohes Rührgefäß geben. Vanille und Zimt dazugeben und mit dem Schneidstab glatt pürieren. Die geschmolzene Schokolade hinzufügen und gründlich untermixen. Die Mousse auf vier Gläser verteilen und mit Folie abgedeckt ca. 1 Std. kalt stellen und fest werden lassen.

2 Vor dem Servieren die Mandeln und Pistazien getrennt hacken. Die Mandeln in einer beschichteten Pfanne ohne Fett bei mittlerer Hitze goldbraun rösten. Von der Kochstelle nehmen, abkühlen lassen und mit den Pistazien mischen. Den Kernemix auf der Mousse verteilen und diese zum Servieren mit je 2 Physalis garnieren.

VARIANTE:
Wunderbar cremig wird die Schokoladenmousse auch mit 200 g Seidentofu (aus dem Bioladen oder Drogeriemarkt) anstelle der Avocado.

Für 4 Personen • 25 Min. Zubereitung • 2 Std. Kühlen

PANNA COTTA AUF ERDBEEREN

DESSERTKLASSIKER IN LOW CARB

ZUTATEN:
1 Vanilleschote
200 g Kochsahne (15 % Fett)
16 g vegetarisches Geliermittel
2 EL Erythrit
300 g saure Sahne
250 g große Erdbeeren
1 Bio-Orange
2 EL Masala (Dessertwein)
12 Minzeblätter
AUSSERDEM:
4 Dessertförmchen (à ca. 150 ml)

NÄHRWERTE PRO PORTION:
ca. 283 kcal
4 g Eiweiß
23 g Fett
13 g Kohlenhydrate
1 g Ballaststoffe

1 Die Vanilleschote längs aufschneiden, das Mark herauskratzen. Die Sahne mit dem Geliermittel, Vanillemark und -schote und Erythrit in einem Topf verrühren. Einmal aufkochen lassen, dann von der Kochstelle nehmen und die Vanilleschote entfernen. Die saure Sahne einrühren. Die Mischung in die vier kalt ausgespülten Förmchen verteilen und abgedeckt mindestens 2 Std. (oder über Nacht) in den Kühlschrank stellen.

2 Zum Servieren die Erdbeeren abbrausen, putzen und die Beeren längs in dünne Scheiben schneiden. Diese leicht überlappend auf zwei Tellern anrichten. Die Orange heiß waschen, abtrocknen, 1 TL Schale fein abreiben, die Orange halbieren und auspressen. 8 EL Orangensaft und die Orangenschale mit dem Masala verrühren. 8 Minzeblätter waschen, fein hacken und unter die Marinade rühren, diese über die Erdbeeren träufeln.

3 Die Förmchen kurz in heißes Wasser tauchen, den Rand mit einem spitzen Messer lösen und die Panna cotta auf die Erdbeeren auf den Tellern stürzen. Mit der übrigen Minze garnieren.

Für 4 Personen • 20 Min. Zubereitung (plus Zeit zum Auftauen) • 2 Std. Kühlen

ROTE GRÜTZE MIT SCHOKOQUARK

VIELE BEEREN, WENIG ZUCKER

ZUTATEN:

500 g gemischte TK-Beeren
1 Bio-Zitrone
3 EL Erythrit
2 TL Johannisbrotkernmehl
250 g Speisequark (40 % Fett)
4 EL Sahne
½ TL gemahlene Vanille
40 g Bitterschokolade (mind. 70 % Kakao)

NÄHRWERTE PRO PORTION:

ca. 239 kcal
9 g Eiweiß
15 g Fett
18 g Kohlenhydrate
6 g Ballaststoffe

1 Die Beeren auftauen lassen. Die Zitrone heiß waschen, abtrocknen und mit dem Sparschäler einen langen dünnen Streifen Schale abziehen. Die Hälfte der aufgetauten Beeren in ein hohes Rührgefäß geben, Erythrit und 400 ml Wasser zufügen und die Beeren mit dem Pürierstab glatt pürieren.

2 Die Fruchtmasse in einen kleinen Topf umfüllen. Das Johannisbrotkernmehl unterrühren, die Zitronenschale zufügen. Langsam aufkochen und offen bei mittlerer Hitze unter Rühren 1–2 Min. köcheln lassen, bis die Sauce gebunden ist. Den Topf von der Kochstelle nehmen, die übrigen Beeren untermischen. Die Grütze in vier Schalen oder Gläser verteilen, etwas abkühlen lassen, dann abgedeckt 2 Std. kalt stellen.

3 Vor dem Servieren den Quark mit der Sahne und der gemahlenen Vanille glatt rühren. Die Schokolade fein hacken, zwei Drittel davon unter den Quark mischen. Die rote Grütze mit dem Schoko-Quark anrichten und mit der übrigen Schokolade bestreut servieren.

Für 4 Personen • 30 Min. Zubereitung • 15 Min. Abkühlen

APRIKOSEN-JOGHURT-TRIFLE

SOMMER-HIT MIT BETA-CAROTIN

ZUTATEN:
300 g Aprikosen
2 EL Rohrohrzucker
½ Zimtstange
20 g Haselnusskerne
20 g Pistazienkerne
20 g gehäutete Mandeln
200 g Sahne
300 g Joghurt (3,5 % Fett)

NÄHRWERTE PRO PORTION:
ca. 355 kcal
7 g Eiweiß
27 g Fett
21 g Kohlenhydrate
2 g Ballaststoffe

1 Die Aprikosen waschen, halbieren, entsteinen und 4 Hälften beiseitelegen. Die übrigen Aprikosen klein schneiden, mit Zucker, Zimtstange und 200 ml Wasser in einen Topf geben. Zugedeckt aufkochen und bei kleiner Hitze in ca. 5 Min. dünsten. Das Kompott von der Kochstelle nehmen, die Zimtstange entfernen. Das Kompott pürieren und 15 Min. abkühlen lassen.

2 Die Haselnüsse, Pistazien und Mandeln hacken, in einer beschichteten Pfanne ohne Fett bei mittlerer Hitze goldbraun rösten. Herausnehmen und beiseitestellen. Die Sahne steif schlagen und unter den Joghurt heben.

3 Zum Servieren das Aprikosenpüree, den Nussmix und die Joghurt-Sahne abwechselnd in vier Gläser schichten. Die zurückbehaltenen Aprikosenhälften in Spalten schneiden und darauflegen, mit Nussmix abschließen.

Für 6 Portionen • 40 Min. Zubereitung • 5 Std. Gefrieren

ORANGEN-JOGHURT-EIS

NASCHWERK LIGHT

ZUTATEN:

1 Bio-Orange
2 Orangen
400 g Joghurt griechischer Art (10 % Fett)
1 EL Zitronensaft
20 g Erythrit
250 g Blaubeeren
6 Blätter Zitronenmelisse

AUSSERDEM:

1 Gefrierdose (ca. 750 ml)

NÄHRWERTE PRO PORTION:

ca. 111 kcal
3 g Eiweiß
7 g Fett
9 g Kohlenhydrate
2 g Ballaststoffe

1 Die Bio-Orange heiß waschen, abtrocknen, die Schale fein abreiben und beiseitestellen. Alle 3 Orangen wie einen Apfel bis ins Fruchtfleisch schälen. Die Fruchtfilets zwischen den Trennwänden über einer Schüssel herausschneiden, den Saft dabei auffangen. Die Orangenreste mit den Händen kräftig auspressen. Die Orangenfilets flach nebeneinander in einen Gefrierbeutel legen und mindestens 3 Std. einfrieren.

2 Den Joghurt mit Orangenschale, Orangen- und Zitronensaft und dem Erythrit verrühren. Die gefrorenen Orangenfilets in ein hohes Rührgefäß oder in den Mixer geben. Die Joghurtmischung dazugeben und alles im Mixer oder mit dem Pürierstab fein pürieren, bis eine cremige Eismasse entsteht. Diese in die Gefrierdose umfüllen und für 1–2 Std. ins Gefrierfach stellen.

3 Die Blaubeeren verlesen, abbrausen und abtropfen lassen. Das Orangeneis zu Kugeln abstechen und mit den Blaubeeren in Schälchen anrichten. Mit Zitronenmelisse garnieren und sofort servieren.

OBSTSALAT MIT KOKOS-ZABAIONE

FRISCH, LEICHT, VITAMINREICH

FÜR DEN OBSTSALAT:
2 EL Kokos-Chips
200 g reife Papaya
2 Clementinen
1 rosa Grapefruit
1 Bio-Limette
1 Avocado
FÜR DIE ZABAIONE:
2 sehr frische Eigelbe (M)
1 EL Rohrohrzucker
100 ml Kokosmilch (Dose)

NÄHRWERTE PRO PORTION:
ca. 298 kcal
4 g Eiweiß
24 g Fett
12 g Kohlenhydrate
4 g Ballaststoffe

1 Für den Obstsalat die Kokos-Chips in einer beschichteten Pfanne ohne Fett bei mittlerer Hitze anrösten. Herausnehmen und abkühlen lassen. Die Papaya entkernen, schälen und das Fruchtfleisch in Scheiben schneiden. Die Clementinen und Grapefruit wie Äpfel schälen, sodass die weiße Haut vollständig entfernt wird. Clementinen quer in dünne Scheiben schneiden, von der Grapefruit die Filets zwischen den Trennhäuten herausschneiden, abtropfenden Saft dabei auffangen.

2 Die Limette heiß waschen, abtrocknen, die Schale fein abreiben und beiseitestellen, 2 EL Saft auspressen. Die Avocado halbieren, den Kern herauslösen, das Fruchtfleisch aus der Schale heben und quer in dünne Spalten schneiden. Die Früchte dekorativ auf Tellern anrichten. Mit dem Zitrusfrüchte- und Limettensaft beträufeln.

3 Für die Zabaione die Eigelbe mit dem Zucker, Limettenschale und Kokosmilch in einer Metallschüssel verrühren und über einem heißen Wasserbad zu einer dicklichen Creme aufschlagen. Diese sofort auf dem Obst verteilen und mit den Kokos-Chips bestreut servieren.

GRATINIERTE MANDEL-PFIRSICHE

STILLT DEN SÜSSHUNGER

ZUTATEN:

50 g gehackte Mandeln
4 große sehr reife Pfirsiche
200 g körniger Frischkäse
1 Eigelb (M)
200 ml Mandeldrink
1 EL helles Mandelmus
1 EL Erythrit
2 Stängel Zitronenmelisse
Butter für die Form

NÄHRWERTE PRO PORTION:

ca. 234 kcal
11 g Eiweiß
14 g Fett
16 g Kohlenhydrate
4 g Ballaststoffe

1 Den Backofen auf 180° vorheizen. Die Mandeln in einer beschichteten Pfanne ohne Fett bei mittlerer Hitze goldbraun rösten, herausnehmen und abkühlen lassen. Die Pfirsiche waschen, halbieren und den Stein entfernen. Dazu mit einem Messer dicht am Stein rundum entlangschneiden, dann den Stein mit einem Teelöffel herauslösen. Eine ofenfeste Form mit Butter einfetten. Die Pfirsichhälften mit der Schnittfläche nach oben hineinsetzen.

2 Den Frischkäse, das Eigelb und die Hälfte der Mandeln verrühren, in die Pfirsichhälften füllen. Die übrigen gehackten Mandeln obenauf streuen. Die Pfirsiche im heißen Ofen (Mitte) ca. 15 Min. überbacken.

3 Inzwischen für die Sauce den Mandeldrink erhitzen. Mit dem Mandelmus und Erythrit in ein hohes Rührgefäß geben und mit dem Pürierstab aufmixen. Die Zitronenmelisse waschen, trocken schütteln und die Blätter abzupfen. Die Pfirsiche mit der Mandelsauce anrichten und mit Zitronenmelisseblättern garnieren, sofort servieren.

Für 12 Stück • 40 Min. Zubereitung • 25 Min. Backen • 60 Min. Abkühlen

MÖHREN-NUSS-MUFFINS

SORGT FÜR GUTE NERVEN

ZUTATEN:
200 g Möhren
100 g Haselnusskerne
2 Eier (M)
60 g Rohrohrzucker
100 g Buttermilch
60 ml hochwertiges Rapsöl
100 g Mandelmehl
50 g Dinkelvollkornmehl
2 TL Weinstein-Backpulver
AUSSERDEM:
12er-Muffinform, Papierformen

NÄHRWERTE PRO STÜCK:
ca. 188 kcal
8 g Eiweiß
12 g Fett
11 g Kohlenhydrate
3 g Ballaststoffe

1 Die Mulden der Muffinform mit Papierförmchen auslegen. Den Backofen auf 180° vorheizen. Die Möhren putzen, schälen und fein raspeln. Die Nüsse fein reiben. Die Eier und den Rohrzucker mit den Rührbesen des Handrührgeräts in ca. 5 Min. cremig rühren. Die Buttermilch und das Öl nach und nach unterrühren.

2 Das Mandel- und Dinkelmehl sowie das Backpulver mit den Nüssen mischen, in zwei Portionen unter die Eiermasse rühren, bis ein glatter Teig entstanden ist. Dann die Möhrenraspel unterheben. Den Teig in die Mulden der Muffinform füllen und die Muffins im heißen Ofen (Mitte) in 20–25 Min. hellbraun backen. Die Form aus dem Ofen nehmen, kurz abkühlen lassen, dann die Muffins aus der Form lösen und 1–2 Std. abkühlen lassen.

VARIANTE:
Für ein leckeres Topping 150 g Mascarpone mit 1 TL geriebene Bio-Limettenschale und 1 EL Limettensaft sowie 1 EL Honig glatt rühren. 75 g Sahne steif schlagen und unterheben. Auf jeden Muffin einen Tupfer Creme setzen. 1 EL Pistazien hacken und daraufstreuen.

ERDBEER-CHEESECAKE

LOW-CARB-SOMMERTRAUM

Für 1 Kuchen, 12 Stücke
45 Min. Zubereitung
1 Std. 20 Min. Backen
3 Std. Abkühlen

FÜR DEN BODEN:
40 g weiche Butter
200 g Mandelmehl
30 g geschälte gemahlene Mandeln
150 g Erythrit
6 Eier (M)
1 Bio-Zitrone
Salz
50 g Rohrohrzucker
500 g Speisequark (20 % Fett)
250 g Schmand
40 g Pfeilwurzelmehl (Bioladen)
500 g Erdbeeren
2 EL gehobelte Mandeln

AUSSERDEM:
Springform (Ø 26 cm)

NÄHRWERTE PRO STÜCK:
ca. 305 kcal
20 g Eiweiß
18 g Fett
13 g Kohlenhydrate
4 g Ballaststoffe

1 Den Boden der Form mit Backpapier auslegen. Den Ofen auf 180° vorheizen. Für den Kuchenboden die Butter mit dem Mandelmehl, Mandeln, 50 g Erythrit und 2 Eiern in eine Schüssel geben. Alles mit den Knethaken des Handmixers zu einem glatten Teig vermengen. Den Teig in die Springform geben, am Boden festdrücken und dabei einen ca. 3 cm hohen Rand formen. Im heißen Ofen (unten) ca. 20 Min. backen. Die Form aus dem Ofen nehmen (Ofen nicht ausschalten) und den Boden etwas abkühlen lassen.

2 Inzwischen für die Füllung die Zitrone heiß waschen, abtrocknen, 1 TL Schale fein abreiben und den Saft auspressen. Die übrigen 4 Eier trennen. Das Eiweiß mit 1 Prise Salz steif schlagen, dabei das übrige Erythrit einrieseln lassen. Die Eigelbe mit dem Zucker und der Zitronenschale mit den Rührbesen des Handrührgeräts cremig schlagen. Quark, Schmand und Zitronensaft dazugeben, alles gut verrühren. Das Pfeilwurzelmehl über die Creme sieben und unterrühren. Den Eischnee in zwei Portionen unterheben.

3 Die Quarkmasse in die Form füllen. Den Cheesecake im heißen Ofen (unten) ca. 60 Min. backen, bis die Oberfläche leicht gebräunt ist. Die Form auf einen Kuchenrost stellen und den Kuchen mindestens 3 Std. abkühlen lassen.

4 Vor dem Servieren die Erdbeeren waschen, putzen und je nach Größe halbieren oder vierteln. 100 g Erdbeeren in ein hohes Rührgefäß geben und mit dem Pürierstab fein pürieren. Die Mandelblättchen in einer beschichteten Pfanne ohne Fett bei mittlerer Hitze goldbraun rösten, herausnehmen und abkühlen lassen. Den Kuchen aus der Form lösen und auf eine Platte setzen. Mit den Erdbeeren belegen, das Erdbeerpüree darüberträufeln. Den Cheesecake mit den Mandelblättchen bestreut servieren.

REZEPT-REGISTER

SACHREGISTER

IMPRESSUM

Projektleitung: Elke Sieferer
Lektorat: Claudia Lenz
Korrektorat: Claudia Kohnle
Gesamtgestaltung: independent Medien-Design, München: Horst Moser (Artdirection), Lucie Heselich
Herstellung: Susanne Fuhrmann
Satz: Longo AG, Bozen
Reproduktion: Longo AG, Bozen
Druck und Bindung:
Printer Trento s.r.l., Trento
1. Auflage 2018
ISBN 978-3-8338-6761-3

Die GU-Homepage finden Sie im Internet unter www.gu.de

Die Fotografin

Coco Lang fotografiert Food und Stills in ihrem Werkstattstudio direkt am Münchner Viktualienmarkt. Zusammen mit **Sven Dittmann** (Foodstyling) hat sie die Low-Carb-Rezepte gekonnt in Szene gesetzt.

Weitere Fotos:
Silvio Knezevic: Cover
Shutterstock: S. 28/29
Johannes Steil: Autorenfoto Bettina Snowdon
Michael Kremer Fotodesign: Autorenfoto Martina Kittler

Die Illustratorin

und Infografikerin **Ela Strickert** aus Hamburg verwandelt komplexe Inhalte in anschauliche Grafiken. Mit Liebe zum Detail hat sie die Erklärungen und Tipps rund um das Thema Low Carb bildlich umgesetzt.

Syndication:
www.seasons.agency

Backofenhinweis

Die Backzeiten können je nach Herd variieren. Die Temperaturangaben in unseren Rezepten beziehen sich auf das Backen im Elektroherd mit Ober- und Unterhitze und können bei Gasherden oder Backen mit Umluft abweichen. Details entnehmen Sie bitte der Gebrauchsanweisung Ihres Herds.

QUALITÄTS GU GARANTIE

LIEBE LESERINNEN UND LESER,
wir wollen Ihnen mit diesem Buch Informationen und Anregungen geben, um Ihnen das Leben zu erleichtern oder Sie zu inspirieren, Neues auszuprobieren. Wir achten bei der Erstellung unserer Bücher auf Aktualität und stellen höchste Ansprüche an Inhalt und Gestaltung. Alle Anleitungen und Rezepte werden von unseren Autoren, jeweils Experten auf ihren Gebieten, gewissenhaft erstellt und von unseren Redakteuren/innen mit größter Sorgfalt ausgewählt und geprüft.

Haben wir Ihre Erwartungen erfüllt? Sind Sie mit diesem Buch und seinen Inhalten zufrieden? Haben Sie weitere Fragen zu diesem Thema? Wir freuen uns auf Ihre Rückmeldung, auf Lob, Kritik und Anregungen, damit wir für Sie immer besser werden können. Und wir freuen uns, wenn Sie diesen Titel weiterempfehlen, in Ihrem Freundeskreis oder bei Ihrem online-Kauf.

Sollten wir Ihre Erwartungen so gar nicht erfüllt haben, tauschen wir Ihnen Ihr Buch jederzeit gegen ein gleichwertiges zum gleichen oder ähnlichen Thema um.

KONTAKT
GRÄFE UND UNZER VERLAG
Leserservice
Postfach 86 03 13
81630 München
E-Mail: leserservice@graefe-und-unzer.de
Telefon: 00800 / 72 37 33 33*
Telefax: 00800 / 50 12 05 44*
Mo-Do: 9.00–17.00 Uhr
Fr: 9.00–16.00 Uhr (*gebührenfrei in D,A,CH)

www.facebook.com/gu.verlag

GRÄFE UND UNZER
Ein Unternehmen der
GANSKE VERLAGSGRUPPE